ENSAYOS DE POLÍTICA ECONÓMICA

Cuba, América Latina y Estados Unidos

COLECCIÓN CUBA Y SUS JUECES

EDICIONES UNIVERSAL, Miami, Florida, 2016

JORGE SALAZAR-CARRILLO

ENSAYOS DE POLÍTICA ECONÓMICA

Cuba, América Latina y Estados Unidos

Copyright © 2016 by Jorge Salazar-Carrillo

Primera edición, 2016

EDICIONES UNIVERSAL
P.O. Box 450353 (Shenandoah Station)
Miami, FL 33245-0353. USA
(Desde 1965)

e-mail: ediciones@ediciones.com
http://www.ediciones.com

Library of Congress Catalog Card No.: 2015960050
ISBN-10: 1-59388-276-9
ISBN-13: 978-1-59388-276-1

Composición de textos: María Cristina Zarraluqui

Diseño de la cubierta: Luis García Fresquet

Todos los derechos
son reservados. Ninguna parte de
este libro puede ser reproducida o transmitida
en ninguna forma o por ningún medio electrónico o mecánico,
incluyendo fotocopiadoras, grabadoras o sistemas computarizados,
sin el permiso por escrito del autor, excepto en el caso de
breves citas incorporadas en artículos críticos o en
revistas. Para obtener información diríjase a
Ediciones Universal.

ÍNDICE

PREFACIO 9
INTRODUCCIÓN 11

PARTE I: CUBA

1. Lo que fue y no es… es como si no hubiera sido 18
2. Lo que pudo haber sido y no fue 23
3. Cualquier tiempo pasado fue mejor 26
4. Balance de un desastre 29
5. El sector financiero cubano: ida y venida 32
6. La deuda externa cubana 35
7. La maravillosa devaluación del fula: Una fábula 38
8. El futuro de las inversiones externas en Cuba 41
9. La agropecuaria en Cuba 44
10. El mito de la educación y la salud en Cuba 46
11. Sicko 49
12. El derecho al atraso 52
13. La verdad monda y lironda 54
14. La cartilla de racionamiento 57
15. La futura subsistencia alimentaria en Cuba 60
16. Primera tomografía del azúcar cubano 63
17. Segunda tomografía del azúcar cubano 65
18. La magia que desapareció el azúcar cubano 68
19. Las remesas dichosas I 71
20. Las remesas dichosas II 73
21. La libertad, el canto y el embargo 75
22. El intríngulis del turismo 78

23. ¿Sin azúcar no hay país?.. 81
24. Socialismo o muerte: Ciertamente valga
    la redundancia 84
25. Los recursos naturales y el desarrollo............................... 87

PARTE II: AMÉRICA LATINA

26. México lindo y querido 92
27. ¿Nos anclamos en el ALCA? 95
28. Petróleo y crecimiento en Venezuela................................ 98
29. Los Estados Americanos: ¿Organizados?...................... 101
30. El desempeño reciente de América Latina..................... 103
31. Más sobre la economía latinoamericana 106
32. Reviven nuestros vecinos sureños 109
33. El voto mexicano 112
34. Venezuela, el petróleo y la pobreza............................... 115
35. El petróleo y el desarrollo agro-industrial 118
36. ¿Cómo industrializarse con base en el petróleo?........... 120
37. ¿La maquila aniquila?... 123

PARTE III: LA ECONOMÍA AMERICANA

38. Más democracia, menos migración, y viceversa 128
39. Otra vez la Señora Pobreza.. 131
40. Los negocios latinos en Estados Unidos........................ 134
41. Estados Unidos, México y China.................................... 137

PARTE IV: EL CONDADO MIAMI DADE

42. Empleo y desempleo en Miami-Dade............................. 140
43. ¿Cómo va nuestro condado? 142
44. Más sobre el rumbo de Miami-Dade 145

45. Más problemas de Miami-Dade 148
46. El impacto económico de los ciclones 151
47. Miami: El centro de las Américas 154
48. La vivienda y el transporte 156
49. Sobre la vivienda 158
50. El escándalo de la educación en Miami-Dade 160

PARTE V: MISCELÁNEOS

51. Mundialización y la pobreza 164
52. La economía y la peligrosidad 166
53. Carlos Castañeda y sus anécdotas 169

ACERCA DEL AUTOR Y ESTE LIBRO 171

PREFACIO

El primer sociólogo de la historia del pensamiento analítico, Giovanni Battista (Giambattista) Vico, estableció la teoría de los procesos recurrentes en la sociedad, que el bautizó bajo su famosa frase: *corsi e ricorsi*. Aunque los artículos que componen este libro se escribieron pocos años ha, al revisarlos los encuentro vigentes, a pesar de haber sido escritos para el *Miami Herald*, (específicamente el *Nuevo Herald*), hace un par de años el más reciente. Aprovecho para agradecer a esta empresa el permiso otorgado para publicar esto ensayos que originariamente aparecieron en sus páginas.

Las circunstancias económicas de Cuba, América Latina, Estados Unidos, Miami-Dade, y en fin, el mundo en general no han mudado en forma significativa. Por lo cual las lecciones que pueden desprenderse de estos ensayos se mantienen inmutables. Nuestro mayor anhelo en escribir corto y sencillo, es que las experiencias y los análisis expuestos en las próximas páginas, sean de utilidad para los tomadores de decisiones y el pueblo en general, en los países y regiones analizadas.

Jorge Salazar-Carrillo
Miami, septiembre de 2015

INTRODUCCIÓN

El libro *Ensayos sobre Política Económica* es una colección de artículos publicados por el Dr. Jorge Salazar-Carrillo en el Nuevo Herald de Miami[1] entre 2003 y 2008. El libro está dividido en cinco partes: Cuba, la economía de América Latina, la economía Americana, la economía del condado de Miami-Dade, y una última parte con artículos sobre diversos tópicos. Especial mención merece el artículo sobre Carlos Castañeda, un cubano ilustre.

La sección más importante es la referida a Cuba. Esto no debe sorprendernos porque el autor es uno de los mayores expertos en economía cubana en los Estados Unidos y en el mundo. Su experiencia en la administración cubana revolucionaria y su constante estudio durante sus años de exilio lo convierten en una referencia inevitable para cualquier autor que quiera escribir seriamente sobre la economía cubana. El lector interesado en conocer más sobre el pasado y presente de la economía cubana puede leer su libro *Cuba: From Economic Take-Off to Collapse under Castro*[2], ya publicado.

Los temas cubiertos en el libro son numerosos y analizados desde distintos puntos de vista. Los principales son: la industria del azúcar y sus derivados, salud y educación, inversión, embargo, remesas y turismo. El enfoque dado al análisis de los diversos temas es consistente. Hay un énfasis permanente en la mala calidad de la información cubana, generalmente aceptada o

---

[1] *El Nuevo Herald* es la versión en español de prestigioso diario en inglés *The Miami Herald*.

[2] Salazar-Carrillo, Jorge y Andro Nodarse León, *Cuba: From Economic Take-Off to Collapse under Castro*, New Jersey, Transaction Publishers, 2015.

condonada por organismos internacionales e individuos que ven con simpatía el régimen actual. Pero el autor, usando información indirecta, información histórica de la Cuba pre-comunista, información de países que tienen relaciones comerciales o financieras con Cuba, y su propio conocimiento y experiencia, muestra repetidas veces la inconsistencia de los datos oficiales. De particular interés es el artículo «Lo que pudo haber sido y no fue». Dicho artículo muestra cómo la privilegiada posición que tenía Cuba a fines de 1958 fue completamente perdida por las malas políticas económicas aplicadas consistentemente por el régimen castrista. Por ejemplo, el complejo agro-industrial azucarero estaba altamente desarrollado lo que permitía a Cuba ser el primer productor y exportador de ese producto. Cuba también había logrado un intenso y extenso aprovechamiento de la caña de azúcar produciendo subproductos como melaza, ron, azúcar refinada, etanol, papel, materiales para construcción, electricidad, y otros. En muchos de estos subsectores Cuba era también líder mundial. El autor también hace especial hincapié en la gran extensión geográfica de la producción de azúcar y sus derivados y la intensidad de los encadenamientos productivos hacía atrás y hacia adelante. Aproximadamente 70% de los municipios cubanos estaban involucrados en algún modo en el complejo agro-industrial azucarero. Esto evitó que Cuba sufriera lo que se conoce como «enfermedad holandesa» o la excesiva dependencia de una economía en un solo producto y los daños que esto acarrea. Todo eso fue destruido durante la revolución de forma tal que Cuba no solo no es más el primer productor y exportador mundial de azúcar sino que ha sido superado por otros países tales como Brasil, Australia, Tailandia y Francia, entre otros. El colapso es tan grande que en años recientes Cuba ha tenido que importar azúcar para cumplir sus compromisos internacionales. El autor estima que el complejo productivo azucarero se ha reducido en un 80%. Una suerte similar ha ocurrido con otros importantes productos como tabaco, arroz y café.

De especial importancia son los temas de la salud y la educación a los cuales el autor dedica varios artículos. Estrechamente relacionado con estos temas está el sistema de racionamiento y la evolución demográfica de Cuba. En términos muy simples, el sistema de racionamiento no provee al cubano medio del mínimo de alimentos necesarios para llevar una vida sana. Las raciones mensuales son tan magras que apenas alcanzan una semana. Los cubanos afortunados que reciben remesas del exterior deben comprar lo que falta en el mercado «libre» a precios varias veces superiores a los oficiales. Las raciones no cubren los mínimos alimenticios en términos de calorías y proteínas lo que se refleja en una malnutrición general, y especialmente de niños, ancianos y mujeres embarazadas. Todo esto y otras causas han contribuido a una substancial caída de la tasa de natalidad, un incremento del número de abortos y también en la tasa de suicidios. La excesiva cantidad de médicos, muchos de ellos «exportados» a países como Venezuela, para beneficio del régimen, contrastan con el calamitoso estado de los hospitales donde los enfermos o sus familiares deben proveer elementos básicos como ropa de cama, alimentos y también remedios.

La educación, otro de los supuestos «logros» del sistema comunista es expuesta en su verdadera realidad. Si bien la tasa de alfabetización es alta, al menos de acuerdo a las cifras oficiales, los niños son obligados a trabajar, en violación de normas y tratados internacionales que Cuba nunca ha ratificado. También la producción intelectual, medida por el número de patentes anuales generada es muy baja. Indirectamente relacionado con este tema es el de la «fuga de cerebros» o pérdida de capital humano como consecuencia de la emigración. El autor estimaba en un artículo en 1960 que aproximadamente 27 billones de dólares se habían perdido debido a la emigración de profesionales, profesores universitarios y hombres de negocios hacia finales de ese año. En la actualidad esa fuga de cerebros sobrepasaría los 100 billones de dólares.

Las remesas y el turismo son también dos temas contenciosos. Las primeras proveen al gobierno una sustancial fuente de ingresos. Son tan importantes que sobrepasan la suma anual de las inversiones directas, donaciones de gobiernos y organizaciones y préstamos al gobierno cubano. El turismo por su parte, una fuente importante de ingresos de acuerdo con el gobierno cubano, presenta cifras que no parecen realistas de acuerdo con los estimados del autor. Especialmente considerando la importación de bienes y servicios que esta actividad requiere. Paralelamente existe un alto grado de explotación de los empleados del sector. Por cada dólar que las empresas pagan al gobierno solo cuatro centavos van a los bolsillos de los trabajadores. La Organización Internacional del Trabajo (OIT) ha condenado repetidamente esta práctica.

A pesar de este oscuro panorama pintado por el autor hay un subtexto de tono optimista en la mayoría de los artículos. Cuando Cuba vuelva a ser libre y democrática el autor confía que gran parte del capital humano y la riqueza acumulada por los cubanos en el exilio, junto con inversiones de muchos otros países, puede facilitar y acelerar el proceso de recuperación cubano llevando a la Isla a posiciones inimaginables actualmente. El reciente deshielo propiciado por el Presidente Obama y viajes como los promovidos por el Gobernador de New York Andrew Cuomo son una muestra de cuanto se puede hacer para recuperar Cuba. La gran incógnita a develar es si lo líderes del régimen lo van a permitir, especialmente si los cambios comprometen sus actuales posiciones de privilegio.

La sección dedicada a América Latina contiene artículos sobre ALCA (Área de Libre Comercio de las Américas), las economías latinoamericanas en general, migración, México y Venezuela. El tema general es cómo están funcionando distintas economías y qué se espera de ellas para el futuro. El tema de las migraciones está ligado a la mala evolución de ciertos países que fuerza a sus ciudadanos a «votar con los pies» abandonando sus países de origen y buscando mejores destinos en otros, especialmente los Estados Unidos.

Los artículos sobre la economía americana cubren tópicos como pobreza y distribución del ingreso y negocios latinos. De especial interés es el artículo que analiza cómo las relaciones entre Estados Unidos, México y China se ven afectadas mutuamente.

Los artículos sobre el condado de Miami-Dade analizan distintos aspectos de su evolución económica, ingresos, población y posibilidades futuras de desarrollo. Estas últimas están estrechamente vinculadas a la muy especial relación que Miami tiene con prácticamente todos los países de América Latina. Relaciones que van desde las simples remesas individuales a sofisticadas operaciones comerciales y financieras llevadas a cabo por bancos americanos y extranjeros con sus clientes individuales y corporativos de Latinoamérica.

La última sección, de tono más personal, contiene un sentido artículo sobre el gran periodista cubano Carlos Castañeda. El autor, con gran admiración y cariño, comparte con nosotros anécdotas de su querido amigo. Castañeda desarrolló una vastísima carrera profesional, primero en su Cuba natal y luego en los Estados Unidos y numerosos países latinoamericanos como Puerto Rico, Argentina, Costa Rica y Panamá. En Miami, en particular, tuvo una muy activa participación en la creación de El Nuevo Herald, del que terminó siendo editor emérito luego de una larga y exitosa carrera editorial en dicho periódico.

Como bien dijo Shakespeare, el pasado es prólogo. Cualquiera que quiera entender el pasado, presente y futuro de Cuba debe considerar este libro como lectura obligatoria.

Daniel O Murgo, PhD
Miami Dade College y Florida International University

PARTE I:

CUBA

Lo que fue y no es...
es como si no hubiera sido

Todos los profesionales de distintas ramas que visitan a Cuba para caritativamente ayudar al pueblo con bienes y servicios, a través de sus organizaciones mundiales gubernamentales y no gubernamentales, (ayudas que se aproximan a los $1,000 millones al año), comentan que sus experiencias les recuerdan al África. Pero no por la demografía... sino por la pobreza e insalubridad. Mi antiguo profesor, co-autor y hermano, Antonio Jorge, hace tiempo llamó a este proceso la haitianización de Cuba. Nuevamente, no por los colores de la piel, sino por la depredación del suelo, el medio ambiente y la producción.

Los economistas chilenos de la CEPAL (Comisión Económica para América Latina) que comenzaron a visitar a Cuba temprano en 1959, se sorprendieron del nivel de industrialización de Cuba. El país estaba industrializado a pesar (o tal vez como consecuencia) de tener que competir en su mercado con los productos americanos tan próximos. Y el mayor caudal industrial lo representaba la bio-industria del azúcar y sus derivados (De estos últimos habla ahora el gobierno cubano como si se estuvieran considerando por vez primera). En la realidad histórica de la isla, los ingenios eran plantas industriales bioquímicas de las que se co-generaba electricidad para las ciudades aledañas a través del aprovechamiento del bagazo de la caña, y del mismo también se producían ya un sin número de subproductos que consideraremos.

Recordemos de comienzo que ya en 1915 el Central Preston en Oriente produjo, de la pulpa del bagazo, papel para envolver; y para 1928, del bagazo se derivó la celulosa de papel en el Ingenio Tuinicú en Las Villas. Hacia finales de la década de 1950 se establecieron tres papeleras basadas en la misma materia prima (dos en Las Villas y una en Matanzas) para fabricar papeles para forrar, de imprenta, para periódicos, corrugados y celofán, fundamentalmente con el proceso Kraft.

De la fibra del bagazo también se pueden derivar tablas de madera dura para utilizar en la industria de la construcción. Hacia mediados de la década de 1950 plantas de esta especie surgieron en Cuba, la original siendo la Cubana Pri-Madera junto al Central Francisco en Camagüey; enseguida se estableció la Cuban Bagasse Products, cerca del Ingenio Andreita en Las Villas. La manufactura cubana de tablas de fibras de bagazo fue lo suficientemente importante para ser reportada en la revista técnica *Sugar Journal* en 1959.

Nada de esto debe sorprendernos. Ya hacia finales de los 1940, E.A. Vázquez publicó un artículo muy citado internacionalmente a la Vigésima Conferencia de la Asociación de los Técnicos Azucareros de Cuba, sobre los sub-productos de la caña de azúcar. Era de reconocimiento mundial el hecho de que, en cuanto a la diversificación de los derivados de la caña, la industria cubana estaba a la cabeza en el mundo, compartiendo los honores con Australia y Taiwán (colonia japonesa hasta después de la II Guerra Mundial).

De la pulpa de bagazo también se obtiene el furfural, cuyos derivados tienen diferentes usos, inclusive como fungicidas e insecticidas. Y de la mencionada celulosa purificada, y su disolución, se puede obtener rayón, aunque con las dificultades que ya apuntara J.J. de la Roza en 1946, como colofón de sus experimentos en la década de 1930. Otros derivados posibles son varios tipos de productos plásticos, aunque sobre los mismos, en contraste con los mencionados anteriormente, Cuba no se encontraba en la vanguardia de su desarrollo.

Las notas anteriores ilustran una de las características más salientes del largo proceso de industrialización cubano, tirado por la borda definitivamente hacia mediados de los 1960: su dispersión geográfica. La industrialización de los países en vías de desarrollo se concentra generalmente en sus ciudades principales, y muy frecuentemente en la capital. En Cuba la dispersión del proceso industrial se extendía a todo lo largo de la isla, trayendo el modernismo que el mismo generaba, prácticamente a todos los municipios de la nación.

En cuanto a los sub-productos de la caña, prácticamente solo hemos tocado el bagazo. En un artículo subsiguiente nos referiremos a los otros derivados.

- 0 -

Por supuesto el etanol está en la punta de la lengua y la sustancia gris de todos. Ya en 1915 los carros que circulaban en Cuba cerca de alguna destilería de azúcar, lo hacían con el alcohol que la misma destilaba. En la II Guerra Mundial se desató una escasez gravísima de la gasolina refinada del petróleo, y en la isla se impuso el llamado carburante nacional, que consistía en una mezcla de la anterior con alcohol, y que también apodaban nafta. Es indiscutible que este derivado de la caña habrá de ser el más importante en el futuro económico cubano, por su precio (relativo al del azúcar).

Pero no dejemos de mencionar otros, en que Cuba sentara cátedra en el aprovechamiento de los sub-productos de la caña de azúcar. Uno de ellos fue la cera, proveniente de los lípidos contenidos en la gramínea, y que se derivan de su jugo. En 1958 solamente habían tres plantas que manufacturaban el producto: una en Australia y dos en Cuba. La cera cruda producida en Cuba era en parte exportada a la refinería de Gramercy en Louisiana, a nivel, por ejemplo, de 1,500 toneladas en 1956.

La miel final constituye el sirope residual del cual prácticamente no se puede obtener más azúcar. Es el líquido final que resta después de repetidas cristalizaciones del mismo. Estas mieles pueden utilizarse como fertilizantes en el propio cultivo de la caña, o como pienso animal. En el primer caso es conveniente enriquecer la miel con sustancias nitrogenadas. Y en el último se puede mezclar la misma con bagazo, y hasta con la cachaza. Estos dos sub-productos del dulce eran plenamente utilizados en las casi seis décadas que precedieron al retrógrado totalitarismo castrista.

Un uso importantísimo de las mieles finales está comprendido en su fermentación, y destilación. Los derivados que se obtienen de las mismas son cuantiosos, con el sub-producto con que comenzáramos este artículo, el etanol, siendo en la actualidad el más importante, el cual es también conocido como alcohol etílico, alcohol absoluto o simplemente alcohol.

Anteriormente el más famoso era el ron, que por cierto también por excepción se puede destilar de la fermentación del jugo de caña u otros de los sub-productos de la manufactura de la caña de azúcar, generalmente en destilerías. En 1959 había 48 destilerías de alcohol en Cuba, y los rones que en ellas se producían sentaban cátedras mundiales. Citemos sólo tres que están actualmente en producción fuera de la isla: Bacardi, Habana Club de Arechavala y Matusalem.

Y entonces viene el uso de los alcoholes en la farmacopea, que son muy numerosos para citar, y que en Cuba, la bio-refinería de la caña de azúcar se preciaba de la diversidad de su producción. Del alcohol etílico solamente, se derivan cuantiosos sub-productos dependiendo del proceso al que se lo someta, como los etilenos y los acetilenos. De los derivados del azúcar proceden también el vinagre y el ácido acético, este último con numerosas aplicaciones de sus sub-productos en las industrias del vestuario, el mobiliario y los plásticos. Igualmente el butanol, la acetona y el ácido láctico, son ampliamente utilizados en varios procesos industriales, por ejemplo como solventes. Y para completar el panorama debemos mencionar el ácido cítrico, los fermentos levadúricos, la glicerina, y los piensos.

De los productos especializados en la fermentación de la sucrosa podemos citar el dextrán, que ha tenido múltiples usos en las industrias de alimentos, farmacéuticas y medicinales. Una de las dos plantas existentes en el Hemisferio Occidental, la de Sub-Productos del Azúcar S.A., operaba en el Central España, produciendo dos toneladas diarias del producto. Este ingenio estaba ubicado donde corrieron los liberales: en Perico, Matanzas.

Y para terminar con los sub-productos y derivados de la bio-química del azúcar, debemos mencionar el ácido aconítico, cuya presencia en las mieles cubanas era de las más altas del mundo, como fuera reportado por A.F. Betancourt en el compendio publicado de la conferencia de técnicos azucareros de Cuba en 1950.

Cuando contemplamos el valor de todos los bienes mencionados en este y el anterior artículo del mes pasado, comenzando por los tres de mayor precio en los mercados, el etanol, los distintos azucares refinados, y el azúcar crudo, y la retahíla de sub-productos y derivados con menores precios por tonelada, constatamos la inmensidad de las perdidas cubanas.

Lo que pudo haber sido y no fue

Con la producción cubana de azúcar en el 2007 siendo inferior a la del pico de la última década del siglo XIX, ya que no llegó a 1.1 millones de toneladas, conviene examinar una propuesta de un inversionista extranjero a comienzos del siglo XXI La gigantesca firma agro-industrial Archer Daniels-Midland (ADM) le propuso al gobierno cubano una empresa exhilarante. ADM, según he explicado en artículos anteriores, fue creado por Wayne Andreas para explotar la productividad agrícola americana, por largo trecho la más productiva del mundo, en otros países del planeta. En la meta de expandirse universalmente, relaciones estrechas se forjaron con la Unión Soviética, siendo su episodio más conocido la venta a precios subsidiados de trigo y maíz americano detrás de la Cortina de Hierro, parte de cuyos cargamentos llegaron a Cuba. Tratando de paliar la hambruna que afectaba a estos países a finales de los 1970 y comienzos de los 1980, ADM estableció estrechos contactos con las nomenklaturas (luego las oligarquías) de estos países comunistas. Los estrechos contactos de la familia Andreas (desde siempre controladora de las decisiones de ADM) con la alta jerarquía cubana, quedaron ampliamente demostrados durante el episodio del entonces niño Elián González, tanto en la utilización de uno de los aviones ejecutivos de la compañía, como en el pago de los gastos legales del caso. ADM comenzó sus contactos directos con Cuba en 1994.

Resulta que a la vuelta del milenio, y los últimos años del periodo de Bill Clinton, ADM negociaba con Cuba el esquema que vamos a explicar, y que nos llega a través de uno de los accionistas de la compañía, ya que fuera discutido en una de las juntas anuales que está obligada a realizar, siendo una compañía pública americana. El esquema comenzaría en el 2000, y para el 2002 se esperaba que la industria azucarera cubana produjera 4.5 millones toneladas, volúmenes que en esa época todavía eran realísticamente asequibles (la producción de este último año fue de 4.06 millones). Más aun con la ayuda financiera de ADM, que ese año utilizaría el 20 por ciento de la zafra para derivar 900.000 toneladas de mieles, que rendirían 69.120.000 galones de etanol a la compañía. El valor del etanol en la gasolina a los precios razonables de ese año, se estimaba a razón de $1 por cada galón de gasolina regular, lo que a los precios actuales hubiera sido bien mayor (Se suponía que las cotizaciones de la gramínea se mantendrían deprimidos). Igualmente mayores ingresos se obtendrían si el etanol fuera utilizado en las gasolinas de más octanaje. Finalmente, a todo lo anterior habría que añadirle el subsidio federal americano al etanol.

Después de cubrir todos los costos, las ganancias de ADM por esta operación hubieran sido de $223 millones en el 2002, mientras que Cuba recibiría $52 millones, por el 20 por ciento de su zafra azucarera convertida en etanol. Lo cual ilustra cómo se dividen los valores agregados, incluyendo las ganancias, entre los países productores primarios de todo tipo, y los niveles superiores de procesamiento y distribución (sin contar los impuestos a las ventas) en las naciones consumidoras finales. Por ejemplo, solo las *ganancias* de la Exxon Mobil son mayores que las *ventas de crudo* de Venezuela.

Pero la guanábana estaba a la vuelta de la esquina. En el 2006, todavía sin considerar aumentos significativos en los precios de la gasolina, por la utilización del 25 por ciento de su zafra azucarera, de seis millones de toneladas (con un rendimiento mayor de etanol) Cuba hubiera recibido $113 millones. Más importante aún, la ayuda de ADM revertiría la casi continua caída de la producción azucarera cubana a partir del 2000. ¡Imagínense las ganancias de la isla con la disparada de precios de la gasolina y el azúcar en el último par de años!

Si nos vamos a la proyección para el año 2010, la producción cubana del dulce se elevaría a diez millones de toneladas, el rendimiento de etanol aumentaría, y la participación cubana por sus ventas, que absorberían el 40 por ciento de su zafra, ascendería a $403 millones de dólares. Contando con los ingresos que representaría la exportación del resto de la zafra, Cuba hubiera podido volver a tener ventas equivalentes a los de principios de la década de 1990, cuando era el mayor exportador de azúcar del mundo. Y todo esto suponiendo precios de la gasolina de $1.25 el galón de regular antes de impuestos.

¿Por qué Cuba no aceptó esta oferta amistosa? Los incautos dirían la Ley Helms- Burton. Pero la ADM podría haber agenciado el negocio a través de empresas extranjeras en las que tiene intereses. En verdad os digo que la razón se debió a que el desgobierno cubano no quiso abrir su sector azucarero a la inversión extranjera a la vuelta del milenio, pensando que Ulises encontraría la ruta de su retorno a las glorias de antaño. ¡Y ahora dice el padre de Ulises, después de verlo perdido en su odisea, que quiere inversión extranjera!

Cualquier tiempo pasado fue mejor

Esta estrofa de las rimas de Jorge Manrique se aplica cruelmente a la Cuba comunista de ayer y de hoy. La isla ha ido norcoreanizándose en medio de idas y venidas, aperturas y rectificaciones frecuentes. La falla mayor ha sido no prestar atención a la formación de capital: la inversión neta en Cuba, es decir después de descontada su depreciación, amortización y obsolescencia, ha sido negativa. Uno puede mentir con las estadísticas del Producto Interno Bruto, pero no con las de exportaciones reportadas por terceros países, y estas muestran que las importaciones cubanas de bienes durables de producción han sido mínimas en los últimos quince años. Los países en vías de desarrollo generalmente importan estos productos de los países avanzados, con relación directa a su grado de pobreza; y según los estándares de las Naciones Unidas, la economía cubana se clasifica como indigente.

Nada más triste para comprobar el título de este artículo en su aplicación a la patria de Martí, que ver los vaivenes a los que han sometido a la industria azucarera. Después de haberla desmerengado, dejando 30 centrales y bastante menos de 100,000 caballerías en producción, intentaron una marcha atrás cuando las cotizaciones del azúcar en Nueva York y Londres enamoraban la perspectiva de los 20 centavos la libra. Pero tan pronto comenzaron estos esfuerzos, empezaron a desplomarse los precios, amenazando a dividirse casi por dos. Desde que el General Ulises inició su odisea hace diez años, no se ha aproximado siquiera a su destino final. Aunque hay que reconocer que los cantos de sirena han seducido a algunos miembros extranjeros de su tripulación, a embriagarse con inversiones potenciales en destilerías de mieles y alcohol, y hasta tal vez algún etanol para las propelas de sus embarcaciones, y sorpréndanse, incluyendo colonias de caña.

Que tristeza cuando miramos la historia de la producción y el comercio del azúcar y sus derivados en Cuba hasta el año 1960, la última zafra antes de las masivas confiscaciones estatales del ya comunista régimen cubano, en el verano y otoño de ese año. Comparen las cifras *anunciadas* del año 2006, de 1.3 millones de toneladas métricas, con las casi 6 millones de toneladas producidas en la zafra de 1960. Y tomen en cuenta que entonces la población cubana era la mitad de la actual, significando ahora un consumo doméstico en reducción de 700,000 toneladas, dejando oficialmente 600,000 para la exportación. En 1958 Cuba exportó a los Estados Unidos, de lejos el principal país importador del mundo, 3.215.000 toneladas. Al resto del mundo fueron 2,435,000 toneladas. Estos azucares se exportaban a través de 23 puertos, otra muestra de cómo el negocio azucarero cubano incidía a lo largo y ancho de la isla. (Al menos 125 de 169 municipios cubanos estaban involucrados en alguna forma con el azúcar y sus derivados).

El valor total de las exportaciones azucareras cubanas en 1958 fue de $557 millones, y adicionalmente casi $31 millones en mieles y otros sub-productos. A precios actuales ambas cifras serían equivalentes a $3,528 millones. Comparen esto con los algo más de $200 millones que se estima facturará Cuba en sus exportaciones de azúcar y derivados en el año en curso. Y toda esta debacle comenzó en el año 1960, cuando en aras del fallido sistema comunista, se sacrifica el mercado americano, por otro que prácticamente cubría sus necesidades con producción interna (la Unión Soviética), siendo este entonces el mayor productor mundial. Lo que por supuesto significaba que los rusos revendían los azucares cubanos al resto del mundo, especialmente a Europa. Como si esto fuera poco, los países comunistas europeos aliados a la U.R.S.S. produjeron 3,500,000 toneladas del dulce en 1959.

Remontándonos al pasado que Cuba fue dejando atrás, el Consejo de Ayuda Mutua Económica (CAME), al cual el país ingresó a principios de los años 1970, se comprometió en que Cuba fuera la azucarera de las naciones detrás de la Cortina de Hierro. Estos países se basaron en el potencial de la producción cubana, que en 1947 había contribuido una de cada cuatro libras de azúcar *producidas mundialmente*. El objetivo era que la industria azucarera cubana llegara a producir 14 millones de toneladas (Por supuesto, no importaba que la isla tuviera que sacrificar su producción industrial, y el resto de la agrícola). Para ello los soviéticos construyeron ocho nuevos centrales de tamaño mediano a grande en el campo cubano. Sin embargo, a pesar de los enormes subsidios del CAME, el improductivo sistema económico comunista cubano solo logró el tope de 8.1 millones de toneladas en 1989. A pesar de todas las ineficiencias, y con costos de 20 a 25 centavos la libra, Cuba en 1992 produjo más azúcar que Brasil (el 23 por ciento de las exportaciones totales); mientras que en el año en curso su producción solo representó algo más del cinco por ciento de la del gigante sudamericano.

En 1959 Cuba era el mayor exportador azucarero del mundo, vendiendo casi cinco veces más que el segundo siguiente, con ventas casi equitativas entre el mercado americano y el resto del mundo (inclusive más de 200,000 toneladas a la U.R.S.S.). Hoy en día no está siquiera entre los cinco mayores exportadores del dulce.

Sin azúcar y sin inversión, Cuba inexorablemente va para atrás como el cangrejo.

Balance de un desastre

1. Cuba y Chile eran dos países casi iguales en población y comercio exterior. En el mundo económico existe una estrecha relación entre ingreso nacional y esas dos variables. Hoy día Chile tiene casi 40 por ciento más habitantes, y sorpréndanse, más de 13 veces el valor de las exportaciones de bienes cubanas.

2. La producción de azúcar cubana fue de 1,094,000 toneladas en 1894 y de 1,045,290 en 1903, cuando prácticamente se había recuperado del costo de nuestra independencia. Más de 100 años después, algo parecido es lo que ha logrado producir el castro-comunismo en Cuba en 2007. En 1920 Cuba producía el 22.4% de todo el azúcar del mundo. Hoy produce alrededor de la mitad de un uno por ciento.

3. El gobierno totalitario de Cuba decide unilateralmente coma se utilizan los recursos del país, y así lo ha hecho durante aproximadamente dos generaciones. Ello lo hace vanagloriarse de sus logros en el campo de la salud. Pero a pesar de todas las triquiñuelas que practica para dorar la píldora de su salubridad, encontramos que uno de sus indicadores más utilizados, la mortalidad infantil, nuestra un deterioro relativo a los resultados referentes a 1960 según las estadísticas de Naciones Unidas (ONU). Entonces la mortalidad infantil cubana era 15 por ciento menos que la de Italia y España. Para el 2002 estos últimos países tenían índices 40 por ciento inferiores a los de Cuba.

4. El desempleo abierto, el empleo parcial y el subempleo, en conjunto representaban el 19 por ciento de la fuerza laboral, según el estimado del Consejo Nacional de Economía de Cuba en el año 1958. La CEPAL (Comisión Económica para América Latina y el Caribe) la estimó en 42 por cien-

to en 1996. Esto a pesar del objetivo primario de los países comunistas de generar el pleno empleo a toda costa.

5. El producto nacional bruto (PNB) per cápita de Cuba en 1958 era de $850, según estimaciones de Jorge Freyre para el Colegio de Economistas de Cuba. Ajustándolo por la inflación ello equivaldría a $5,100 en el 2002, bajo la improbable suposición de que su nivel de vida no hubiera mejorado bajo la libre empresa. Aun con esta limitación, esta cifra situaría al PNB per cápita cubano por arriba del de cualquier país latinoamericano con excepción de México (ya graduado al nivel avanzado de la OECD) según las estadísticas de la ONU. Los estimados para la Isla no fueron publicados por esta fuente, pero dado que sus salarios promedio son de aproximadamente $180 al año, el PNB por habitante no podría ser mucho mayor que de $250 anuales. Esto significa que el nivel de vida cubano se ha reducido al cinco por ciento del existente antes de la revolución.

6. El crecimiento poblacional de Cuba hacia fines de los años 1950 era un moderado 2.4 por ciento anual, considerado el estimado más confiable en el *Estudio sobre Cuba* publicado por la Universidad de Miami en 1963. Esta tasa se ha desplomado al 0.2 por ciento anual publicado por la ONU, mostrando la destrucción del tejido social y familiar en la Isla, relacionado con la depredación moral de la sociedad (incluyendo el aborto) aunado a la crisis en la disponibilidad de vivienda. Los cubanos se encaminan a establecerse coma el grupo humano más anciano del planeta hacia el 2050.

7. En 1958 Cuba dedicaba el porcentaje más alto de los egresos presupuestarios a la educación (el 23 por ciento) de toda la América Latina, tres puntos porcentuales arriba del más próximo (Costa Rica), y estando bien distante del que ocupaba la tercera posición: Perú con el 16 por ciento. El porcentaje destinado a la educación en Cuba fue del 17 por

ciento en promedio para las años 1999-2001, según la ONU.

8. En cuanto a la deuda externa cubana, los algo más de seis millones de habitantes de Cuba en 1958, tenían una deuda per cápita de menos de $50 (la fuente son las publicaciones del Banco Nacional de Cuba a fines de la década de 1950). En 1996 la ONU reportaba una deuda externa de más de $35,000 millones, que dividido por una población de 11 millones arroja un endeudamiento de cada cubano ascendente a $3,182. Y según mis cálculos, la deuda actual de los cubanos es de $60,000 millones, lo que casi duplicaría la cifra anterior.

9. La tasa de mortalidad en Cuba en 1956 era de 5.8 por cada mil habitantes según el citado *Estudio sobre Cuba*, estando entre las cuatro menores tasas del mundo. Más recientemente la ONU ha reportado un desmejoramiento en este indicador, siendo superior al de Venezuela, Costa Rica, Panamá, Jamaica, y Trinidad-Tobago, por citar algunos países de la Cuenca del Caribe.

10. Hasta 1959 Cuba había estado a la cabeza de la lucha por la adopción de los derechos humanos, habiendo sido el país proponente de los derechos universales del hombre y el ciudadano en la Organización de Estados Americanos y en la ONU. De entonces acá, Cuba se ha negado a suscribir las Convenciones de Derechos Civiles y Políticos y de Derechos al Desarrollo Económico, Social y Cultural, que fueron propuestas en 1966 en este ámbito y suscritas abrumadoramente, como aparece reportado por la ONU en el 2004.

El sector financiero cubano: Ida y venida

Un manido dicho expresa que quienes controlan el pasado, controlan el futuro; y quienes controlan el presente, controlan el pasado.

Una de las repetidas monsergas de los que escriben sobre Cuba es que en los 1950 estaba entre los líderes económicos, sociales y políticos de América Latina. En realidad los niveles cubanos la hacían comparable a los países europeos avanzados, a los estados sureños más pobres de Estados Unidos, y en Asia, al Japón. Creo que algunos me han leído y oído cuando he hecho referencia en el pasado al estudio de Harry Oshima, economista de Stanford, que realizó uno de los primeros estudios de paridad de poder adquisitivo a mediados de la quinta década del siglo pasado, y estableció esta conclusión. Es más, ya 15 años después de nuestra independencia habíamos alcanzado estos niveles.

En buena parte esto se debió al grado de desarrollo financiero del país. Para mediados de la década de 1910, presten atención, Cuba presentaba el nivel de desarrollo financiero relativo *más alto* del mundo. Esto se acaba de corroborar en un estudio del Fondo Monetario Internacional.

El secreto detrás de estos logros fue la quintuplicación de la producción azucarera cubana, durante el primer cuarto del siglo XX, lo cual trajo considerables inversiones extranjeras y el establecimiento de numerosos bancos, casas financieras y la Bolsa de la Habana, para financiar la agricultura, la industria y el comercio del azúcar. Cuba se convirtió en el mayor productor y exportador del mundo, y la Cuban Sugar Cane Company la compañía más grande del giro. Pero lo más importante de esta actividad fue su disgregación por casi todos los 169 municipios cubanos, y su efecto propulsor de obras de infraestructura (ferrocarriles, carreteras, etc.), servicios sociales (educación, salud, etc.), fábricas manufactureras (derivadas y supildoras del negocio azucarero) y servicios de intermediación (finanzas, almacenes, etc.). Complementado con la conquista de la frontera económica cubana (Camagüey y Oriente).

Aparejado a lo anterior debemos destacar los recursos humanos. La población prácticamente se triplica durante estos años, en base a una de las inmigraciones relativas más desbordantes del mundo. Pero la actividad económica crece aún más rápidamente, y el balance comercial externo es siempre favorable (al igual que el fiscal), determinando que los niveles de precios se mantengan bajos, y los salarios reales comparativamente altos. A esto último también contribuyen la fuerte sindicalización y la intervención gubernamental en los pliegos salariales y contrataciones colectivas, casi siempre favorable a los trabajadores. Todo ello determinó que los salarios agrícolas e industriales de Cuba estuvieran entre los más altos del mundo.

Cuba nunca tuvo problemas para financiar sus actividades económicas. Ya fuere con los mayoritarios fondos cubanos, o los restantes, que provenían de los países del exterior más adelantados en las finanzas mundiales. Cuando fue redituable el explotar los recursos de níquel cubano, los terceros yacimientos del mundo, aparecía la capitalización. En caso que se necesitaran más recursos energéticos, surgía prontamente una nueva refinería. Si se trataba de remozar las colonias o centrales azucareros, los préstamos no dejaban de llover. Para la vivienda estaban los bancos de capitalización y ahorro, las entidades de ahorro y préstamos y el fondo de hipotecas aseguradas. Para los productos no-tradicionales en la agricultura o la industria existían los avales del Banco de Fomento Agrícola e Industrial de Cuba (BANFAIC), que también cubría la pesca. La deuda del gobierno, externa e interna, era ínfima, lo que hacía posible el financiamiento de los servicios y obras públicas.

Todo esto se trabó con las confiscaciones masivas de las empresas extranjeras y nacionales en 1960. Cerró la Bolsa de la Habana. Los bancos, compañías de seguros y otros agentes financieros fueron sustituidos por la tesorería nacional, a su vez financiada directamente por el Banco Nacional de Cuba, convertido en máquina de imprimir billetes. Los presupuestos nacionales desaparecen, y la contabilidad gerencial se convierte en mala palabra. Como consecuencia la producción cubana cae estrepitosamente durante la década de 1960. Y para mantener a la población en una cámara de oxigeno económica, se necesitó un súper-plan Marshall de ayuda externa proveniente del bloque comunista, que terminó quebrando a la Unión Soviética.

Hoy se ha llegado al fondo del barril. Cuba no puede rescatar su industria azucarera ... por falta de financiamiento. Aumentar su producción niquelífera ... por falta de financiamiento. Buscar soluciones energéticas ... por falta de financiamiento, etc., etc., etc.

Mientras tanto, el Ministro-Presidente (título irrepetido) del nuevo y quebrado Banco Central de Cuba ha creado un esqueleto financiero para acomodar a cada grupúsculo de las Fuerzas Armadas Revolucionarias: la llamada Nueva Banca. Claro está, prácticamente sin fondos cada uno de ellos, pero dispuestos a la cifarra de la ayuda externa venezolana. Para ustedes el Banco Exterior. Para aquellos el Banco Financiero. Para los de allá, el Metropolitano. Para los de acá, el de Inversiones. Al paso que se evapora la última gota de financiamiento cubano, las pirañas de la piñata cubana, se llenan los bolsillos de petrobolívares.

La deuda externa cubana

Recientemente se ha suscitado un debate sobre si se debe conceder crédito a regímenes dictatoriales. Unos piensan que una limitación pudiera involuntariamente restringir también los créditos a los gobiernos legítimos que pudieran anteceder o sucederlos. Pero hay gobiernos tiránicos de diferentes especies, y el régimen totalitario de Cuba es realmente oprobioso, y su deuda mal oliente, como ninguna otra. En estos casos se justificaría congelar los créditos. Los regímenes oprobiosos no se endeudan con el propósito de desarrollar su economía y eventualmente pagar toda su deuda externa, sino que sólo pretenden enriquecer a la nueva clase que ha controlado los recursos del país para su único y exclusivo beneficio. La mal oliente deuda cubana calza perfectamente con estas características. Desgraciadamente, los numerosos y cuantiosos acreedores de Cuba, cuya deuda externa bordea los $60,000 millones, y continúa creciendo, parecerían en parte (porque también hay mucha corrupción) pensar que eventualmente un gobierno legítimo futuro, comenzaría a servir estos compromisos.

Los beneficios de limitar la concesión de créditos internacionales a estos gobiernos oprobiosos podrían ser considerables. Los pueblos oprimidos por estas dictaduras no tendrían la disyuntiva de enfrentarse a estas obligaciones crediticias. Y los tiranos verían limitadas sus posibilidades de saquear el erario público. Exactamente lo contrario ocurriría con los gobiernos democráticos, que se beneficiarían de una mayor fluidez de fondos disponibles en los mercados de crédito externo. Se ha establecido recientemente una iniciativa para cancelar parte de esa deuda oprobiosa. Pero si se pudieran identificar de antemano reglas de juego para determinar que créditos se clasificarían bajo esta categoría, los fondos disponibles para el resto de los países en vías de desarrollo aumentarían, y sus tasas de interés disminuirían.

No debemos desconocer las precedentes legales de estas propuestas. Especialmente para los cubanos, es importante recordar que el principio de que las deudas internacionales que no fueren utilizadas para el beneficio de los pueblos en cuestión deben ser repudiadas, se estableció en Cuba. En 1898, España intentó reclamar las deudas que supuestamente su antigua colonia había contraído con la metrópolis, y fue rechazada bajo el argumento de que estos recursos habían sido utilizados en contra de las intereses de la nación cubana. Después de la Primera Guerra Mundial, sucedió algo parecido con Polonia, que había sido colonizada por Alemania y Prusia, las que intentaron cobrar las deudas del coloniaje, lo que fue denegado por el Comité de Reparaciones del Tratado de Versalles. En 1923, Costa Rica se vio favorecida per un arbitrio similar contra el Royal Bank of Canada, justificado por la existencia de una anterior dictadura en el país. Y existen muchos otros precedentes, e inclusive apoyo por parte de la jurisprudencia de las leyes nacionales, donde el enriquecimiento injusto socava los derechos de los prestamistas confabulados con el oprobio, siendo que los prestatarios no representan los intereses de sus pueblos.

Los prestamistas desde hace mucho tiempo han sido conscientes de estas limitaciones al cobro de sus préstamos e inversiones en regímenes oprobiosos, y saben que deben verificar diligentemente el uso de los mismos. Como dijeron los comisionados americanos al final de la Guerra de Independencia de Cuba: «las acreedores, desde el principio, aceptaron las riesgos de la inversión». Y así denegaron la mal oliente y oprobiosa deuda que hubiera representado una pesada ancla al desarrollo de la naciente republica cubana, que ya había sufrido por parte del gobierno español lo que ha sido llamado el mayor genocidio de la historia (la concentración de Weyler).

El totalitarismo comunista de los hermanos Castro ha sobrevivido casi 48 años vendiendo y usurpando los recursos naturales, humanos y de capital de la nación cubana. Los que han ayudado con sus préstamos e inversiones a este contubernio, no deben esperar ser retribuidos, a la hora de la liberación, los fondos que facilitaron el mantenimiento en el poder de esa dictadura oprobiosa. Y por supuesto, todos los fondos de ese enriquecimiento ilícito de los sátrapas cubanos deben ser embargados a través de procesos legales, ya sea estén en cuentas numeradas suizas o en cotos de caza y pesca en Cuba, y reintegrados al patrimonio de la nación cubana.

La maravillosa devaluación del fula:
Una fábula

Como Alicia en el País de las Maravillas (P. de las M.), nuevamente nos sorprende la Reina de los Anti-Corazones con la frase: «Córtenle la cabeza al Dólar». En ese sitio en que hay que correr cada día más rápido para mantenerse en el mismo lugar, esto no debía de sorprendernos. Pero como estamos viviendo virtualmente dentro del mismo, pero a noventa millas... nos sorprende.

Nadie sabe, ni puede imaginar lo mal que están las cosas en el País de las Maravillas. Sólo los que allí se desplazan a pie. Los cuales viven soñando con que se les pegue una gallina al salir de su trabajo en la carnicería, o poder decir «resolví un picadillo de soya». En ese país lo que importa es «biznear», e ir llenando el refri para compensar lo que se pierde con los cortes de luz. Mientras escasea el kerosene y no aparece la leña.

¡Chúpalo que sabe a menta!

Esperando en las colas de las lombrices del consumo normado, aguardando por el mustio pan nuestro de cada día, de la libreta cada vez más escueta, se preguntan repetidamente, ¿por qué? Se da una explicación... y vuelve nuevamente a expectorar la lombriz que todos forman..., ¿por qué? Y así continua la cosa hasta que se cae en la cuenta de que, como el proverbial conejo del reloj, se ha ido el tiempo, y hay atraso para la importante cita de amor con la esposa, en la posada del barrio, porque no hay privacidad en la barbacoa tri-generacional en la cual se está condenado a existir dentro del País de las Maravillas (el más culto, libre, democrático, instruido, inventor, vanguardista, internacionalista, informado, etc. del mundo). Sí o sí. O si no ¡que les corten la cabeza!

Pero el País de las Maravillas no las tiene todas consigo. Añora los años en que vivía dentro de la zona de influencia de Camelot, y cuando se podía controlar el tiempo y las perturbaciones atmosféricas. Y si ello fallare, había serios planes para los damnificados, con ayuda de todos los que estaban en el área dólar camelotiana. En aquellos días llovía siempre a la hora de la siesta. Y la sequía no se conocía, excepto en las guantanameras. No había tantas represas, pero estaban llenas como los ríos, los lagos y los saltos de agua. Había naturaleza, en vez de natumaleza.

Necesitó el P. de las M. para enfrentar los dos recientes huracanes (incitados desde) de Miami, conseguir muchos fulas para que la nomenclatura no sufriera caídas en su nivel de vida. Amenaza con la consigna de cortarles la cabeza a los dólares, a menos de que aparezcan ¡ya! Al fin y al cabo ¿no son los reyes del acopio? ¡Acopiémoslos!

Mañana será otro día. Si conseguimos, piensan, 40 o 50 millones de los billeticos verdes reservados federalmente... nosotros también resolveremos. ¡Arriba Anti-Corazones! ¡Para luego es tarde!

No importa que mengüe la especie fula en el futuro, cuando los habitantes virtuales que constituyen la obsequiosa, y aun maravillosa, comunidad en el exterior, se enteren que como el dólar no tiene cabeza, hay que pagar más, para conseguir menos en el País de las Maravillas. Tampoco obsta que los que quieren turísticamente conocer la Reina de los Anti-Corazones, tengan que pasar por vicisitudes «canadienses» o «europeinsis», o contraer la fiebre esterlina, lo que los hará pensar dos veces. Quien ha dicho miedo pensando que las monedas «americiensis» puedan desaparecer en las maravillosas cloacas del mercado negro clandestino, prohibidas pero incólumes, y donde se refugian todos los que aspiran sobrevivir y gritar: ¡No hagan olas! ¿Qué pasará con las compras en las tiendas de maravillas (por sus altos precios recién aumentados) llamadas TRD (Tiendas de Recuperación de Divisas)? ¿Seguirán capturando la misma cantidad de divisas amorosas remitidas por los maravillosos familiares y amigos, a sus Alicias, para que rompan corazones en el famoso País? ¿Serán las maravillosas mulas una especie amenazada por la extinción? ¿Disminuirán los viajes desde Camelot al P. de las M.?

Sigan en sintonía.

¡Cualquier semejanza que pueda tener esta fábula con alguna realidad viviente, está solamente en la mente del lector!

El futuro de las inversiones externas en Cuba

El gobierno de España, uno de los países con mayor deuda per cápita del mundo, acaba de confesar que a su vez hay naciones que no pagan lo que le deben, siendo Cuba la mayor culpable ($835 millones). Uno de los problemas fundamentales en el periodo de transición será el determinar el verdadero monto de las deudas y las inversiones extremas en Cuba, ya que ambas están estrechamente ligadas. Las inversiones publicadas por el régimen castrista están claramente exageradas. Además, están entremezcladas con intereses de los principales Líderes de la dictadura comunista, habiéndose ya implementado la versión cubana de la repartición de bienes que generalmente ha tenido lugar cuando estos pierden el poder. Aunque solo representan el pico del témpano de hielo de la «piñata cubana», los bienes de los jerarcas de esta «nomenklatura» han sido estimados por la revista *Forbes* en $1,300 millones para Fidel (publicado) y alrededor de $300 millones cada uno para Raúl y Ramirito Valdés (no publicados).

Lo que resulta evidente es que las empresas y particulares extranjeros han sido muy cuidadosos al aplicar su capital en la Isla, especialmente después de la Ley Helms-Burton de 1996. Ha habido una preferencia por los contratos para compartir la producción y los servicios, como se estableció desde temprano en el sector hotelero, en contraste con la adquisición de activos. Ello no es de extrañar, ya que el usufructo es lo más cercano a la figura de derecho de propiedad reconocida por la tiranía castrista (ya sea de tierras, viviendas, recursos minerales, fabricas, etc.).

También es evidente que los intereses foráneos se han vista *forzados* a aceptar ciertos derechos de explotación en Cuba, por el incumplimiento de los compromisos de pagar los préstamos internacionales por parte del gobierno de Castro. Como no tenían otra salida, tuvieron que canjear deudas por activos cubanos restringidos. En otros casos, obtuvieron deuda cubana a precios regalados, y negociaron con el castrismo su conversión a derechos limitados de propiedad en la isla. Pero es evidente que de no haber existido estas condiciones especiales, hubiera sido aún menor la inversión extranjera directa.

Podemos ilustrar la incertidumbre con el caso español, donde residen los mayores intereses semi-hipotecarios en Cuba. Según la unidad comercial francesa dependiente del Ministerio de Relaciones Exteriores de ese país, conocida como *Pole de Expansion Economique*, las inversiones españolas en Cuba llegaban a los $275 millones a finales del milenio. Estas se desglosaban en $170 millones en turismo, $100 millones en tabaco y $5 millones en otras, según su publicación *Cuba: Dossier de Synthese*. A contrapelo se encuentra la publicación española *Cuba Negocios*, muy ligada a los intereses del castrismo internacional. En varias de sus publicaciones, suplementadas por estimados revelados en una conversación con el Señor Iñigo Moré (su gerente) la inversión en derechos limitados de propiedad ascendía a $2,100 millones al comienzo del 2000. El desglose sería de $1,500 millones en el campo turístico, $500 millones en el negocio tabacalero y $100 millones en el resto. Más recientemente Ibersuiza ha invertido y maneja Cementos Cienfuegos, y otros intereses, entre ellos la destilería del antiguo Central Perseverancia.

Creo que los criterios de imparcialidad, veracidad y seriedad se inclinan por los datos franceses. En esa época, que ya no, estos últimas estaban considerando sus posibilidades de comercio, inversión y préstamos en la isla, como una proposición de costos y beneficios. La misma tenía que estar bien anclada en datos confiables, las que estimaron en la referida publicación. Esto nos lleva a concluir que el monto de los intereses extranjeros directos a dirimir en Cuba es enteramente manejable. La parte inextricablemente ligada a los testaferros y personeros del régimen, tendrá necesariamente que pasar al Estado cubano. Lo que reste se respetará, tasará o desconocerá, dependiendo de la reacción popular a estas empresas foráneas. Y por supuesto al resultado de las demandas de los verdaderos dueños de las propiedades confiscadas, y usufructuadas por las compañías extranjeras. Como también las de los obreros que han sido miserablemente explotados por el desgobierno cubano, con el contubernio de las mismas. Igualmente determinante será el monto de sus futuros compromisos de entradas de capital.

Decisivo también sería el tipo de inversión directa en cuestión. El mayor oprobio se ha realizado por compañías hoteleras como Sol Meliá, que han observado impasibles como sus empleados cubanos reciben menos de cuatro centavos por cada dólar salarial.

El caso de la antigua Tabacalera española, más fortalecida por su fusión con su equivalente francesa Altadis (por cierto, a raíz del informe francés mencionado) y en ciernes de ser adquirida por otros intereses, la situación es más positiva, porque generalmente no está directamente involucrada con tierras u obreros cubanos.

La agropecuaria en Cuba

Hace menos de un mes que cumplí años. Me recordé que mis padres me decían que había nacido en la famosa Clínica Reyes del Vedado. Y ello me llevó a releer los escritos del patriarca de la familia: Gustavo de los Reyes. Con el bagaje de líder del otrora impresionante desarrollo ganadero cubano, y de los negocios de la gigantesca y famosa King Ranch en Venezuela, sus ideas son aleccionadoras para la ardua, pero segura, recuperación del campo cubano.

Comencemos por el principio. Muy nítidamente, después de 30 años de luchas por la independencia, la Cuba republicana reconstituyó su hato ganadero, hasta superar la proporción de una cabeza de ganado por habitante en 1906. Esto se dice fácil, pero hay que considerar que en 1894 había cerca de 2,500,000 reses en Cuba, y solo quedaron el 10 por ciento en 1899. La población de Cuba al comenzar el siglo XX era un poco mayor de un millón y medio de habitantes.

Desde esta recomposición rapidísima del ganado vacuno, las proporciones de cabezas de ganado por habitante pasaron a ser de alrededor de 1.5 (cincuenta por ciento más reses que personas). Tanto así que desde mediados de la década de 1910 se estimula la exportación ganadera, la cual se mantiene hasta la destrucción de hatos y potreros por el castro-comunismo. Nuestras exportaciones de carne a Estados Unidos eran de tan alta calidad, que los inspectores veterinarios en el aeropuerto de Miami las consideraban las mejores de Latinoamérica.

Aunque parece que la razón geométrica declinó en las décadas de 1940 y 1950, siempre se mantuvo por arriba de una cabeza de ganado por habitante. Deplorable es la situación actual, en la que existen algo menos de 4.500.000 reses en Cuba (con tendencia a la baja). Esto lo reporta la Comisión Económica para América Latina y el Caribe (CEPAL), en su libro titulado *La Economía Cubana*, publicado en el 2000. De más de una res por habitante, se ha caído a un promedio de dos y media personas por bovino, aproximadamente.

En el futuro tendremos que reconstruir las fincas ganaderas, tanto por la importancia de su carne, leche y derivados, como también porque no puede existir una agricultura progresista sin ganado. La ganadería tradicional (de yerba y pasto) que se practicaba en Cuba, era complementaria con el crecimiento agrícola, pues le restituía a la tierra los nutrientes que extraían las cosechas, y combatía la erosión. Ello implica la rotación del negocio ganadero con las cosechas, cosa que ya había recomendado el Conde de Pozos Dulces en el Siglo XIX.

Pero tampoco debemos despreciar, como ya ocurrió después de la independencia, la potencialidad del resurgimiento de la ganadería cubana. El informe de una Comisión de la Universidad de la Florida que visitó a Cuba en 1957, consideraba que la misma podría tener proporciones inmensas. Ya ello se había logrado en parte en la Isla, como demostraban sus considerables exportaciones de carne, sin que ello fuera en detrimento de las tierras dedicadas al cultivo de la caña de azúcar (es más la melaza de esta puede utilizarse como parte del pienso para las reses). Podríamos afirmar lo mismo con respecto a la producción de otros alimentos, como el arroz, los cultivos de subsistencia, las frutas y los vegetales, que se habían expandido fuertemente después de la Segunda Guerra Mundial, siendo que estas últimas también permitían importantes exportaciones a los Estados Unidos.

El mito de la educación y la salud en Cuba

Dentro del mar de felicidad que inunda al paraíso comunista cubano, el culmen lo constituyen los logros educacionales y de salubridad. Desde Colin Powell, pasando por varias personalidades de centro, y hasta de derecha, que critican duramente en todos los otros aspectos al régimen castrista, dan por sentado sus logros en estas esferas. Examinemos que se ha conseguido en 45 años de comunismo en la Isla, desde la atalaya retrospectiva, reconocida en todas las publicaciones internacionales, de que Cuba encabezaba las estadísticas de salud y educación en Latinoamérica hacia finales de la década de 1950. Para ello utilizaremos el informe sobre desarrollo humano que acaba de publicar el Programa de Naciones Unidas para el Desarrollo, a pesar de que las estadísticas incluidas en el mismo, provienen inadulteradas de la desinformación que caracteriza al castro-comunismo, que recientemente acaba de públicamente reconocer nuevamente el presidente de su banco central.

Comenzando por las expectativas de vida, los cubanos *están dentro del rango establecido por las naciones más destacadas del Cono Sur y la América Central*. Pero cuando buscamos el per cápita en los gastos de salud, ajustados por los niveles de precios diferentes entre países, nos encontramos con una cifra para Cuba de $ 229 al año, la mitad del de las naciones anteriormente nombradas, y entre los más bajos de América Latina. ¿Cómo se contabiliza lo anterior con la segunda tasa más alta de médicos por habitante en el mundo? Por qué los galenos cubanos son un producto de exportación del gobierno.

Pero también es sorprendente conocer que en la Isla se usa el material vegetal combustible (como la leña y el carbón) para resolver los reclamos energéticos (e.g. cocinar), por arriba del promedio de Latinoamérica y el Caribe, con los efectos insalubres que ello implica. La otra carta de la baraja es que los kilovatios de electricidad generados, divididos por los habitantes, se sitúan en la media inferior de los países latinoamericanos.

Vayamos ahora a la educación. Cuba está entre las naciones líderes en Latinoamérica y el Caribe en la tasa de alfabetización. Pero pasemos a la educación en general, la cual es, de primera y pata, extremadamente vergonzosa, dado el trabajo gratis que hacen los estudiantes en el campo, comenzando algo después de los 10 años, y en forma forzosa. Por ello Cuba no ha firmado el Convenio 182 de la Organización Internacional del Trabajo que prohíbe los peores abusos en la ocupación de los menores de edad. La otra sorpresa es que a pesar del número de médicos graduados, el porcentaje de gastos cubanos en el nivel superior, sobre el total para la educación, es solo del 17.1 por ciento (igual al de Paraguay), colocándose en la media inferior de este indicador dentro de América Latina. Estos son los educandos que aseguran la productividad del futuro en cualquier sociedad. Pero hay más. El porvenir es tecnológico. ¡Imagínense que Cuba tiene solamente 51 líneas telefónicas, dos usuarios de teléfonos celulares, y 10.7 suscritos a la internet, por cada 1.000 habitantes! Los promedios para América Latina y el Caribe son varios múltiplos de estos guarismos. Por otro lado, a pesar de los grandes recursos dedicados a la investigación, el doble de personas que en la mayoría del conjunto de los países recién citados, los cubanos están bien por debajo del promedio de las patentes obtenidas en estas naciones.

Y lo peor del caso es que el futuro ya llegó a Cuba. La productividad de su fuerza de trabajo tiene que rendir ahora, porque la Isla cuenta con casi el doble de personas de 65 años en adelante que el promedio latinoamericano y caribeño, y esta relación se empeorará para el 2015. En adelante todo seguirá color de hormiga, ya que los cubanos menores de 15 años son el 33 por ciento menos (y el por ciento se amplía para el 2015) que la media para América Latina y el Caribe. Nada, que dadas las condiciones, nadie quiere dar a luz a más cubanas (tasa de fertilidad de 1.6, cuando se necesitan 2.3) lo que es evidente por un ritmo de crecimiento poblacional de 0.2 por ciento, ampliamente el más bajo en América Latina, y la sexta parte del promedio que incluye a los países caribeños. ¡Y esta es la proyección del 2002 al 2015!

¡Y estas son las cifras reportadas por Cuba! A pesar de sus obligaciones, las mismas instituciones internacionales muchas veces no reportan los datos cubanos, o no los incluyen en los promedios. Por ejemplo, cuando la publicación en cuestión informa sobre las tendencias en el índice de desarrollo humano, desde 1975 al 2002, la Isla aparece con solo un dato: el del último año.

Todo lo anterior es sorpresivo... pero no debería sorprendernos. El informe al final reporta sobre el estado de los países en el cumplimiento de las convenciones internacionales sobre derechos humanos, y ahí comprobamos que Cuba no es signatario de la de derechos civiles y políticos, como tampoco de la de derechos económicos, sociales y culturales. No en balde Cuba dista mucho de la posición cimera, que en cuanto a los indicadores de salud y educación, había logrado algo más de 45 años atrás.

Sicko

La película Sicko de Michael Moore está en el candelero. Pero se me ocurre que el verdadero «sicko» es Michael Moore. Por Dios que juzgue el sistema de salud de Cuba es superior al de los Estados Unidos. (EE.UU.). En el propio filme aparecen las estadísticas internacionales, y aparentemente sin que se percatara Moore, Cuba aparece inferior a los EE.UU.; a pesar de que las estadísticas internacionales generalmente tienen que aceptar los manidos números que les proporciona la desinformación cubana.

Aunque además de tergiversar las estadísticas, Cuba las esconde, es una gota de saber cuándo, por la ineficiencia del régimen, en un descuido nos deja conocer la verdad.

O cuando la misma es inocultable. Ejemplo de estos últimos casos han sido las epidemias de dengue o de neuropatía óptica, que por obligación han tenido que eventualmente reportarse en la prensa, increíblemente cuando están a punto de, o ya han sido resueltos.

Un caso interesante fue el de los infantes que pesaban menos de 5.5 libras al nacer, que se aproximó al 10 por ciento del total, llevando al bribón en jefe (F. C.) a dar la orden de repesar a todos los niños, a ver si eso era cierto (¿les recuerda a Herodes, no es así?). Este síndrome tuvo su causa en que el 10 por ciento de las mujeres parturientas adolecían de desnutrición. Y por el otro lado los viejitos de más de 65 fenecían a la alta tasa de 5.6 por ciento anual.

Pasando a indicadores más generales de la salud de la población, cálculos que se le han escapado entre las piernas al castro-comunismo, nos muestran que los cubanos de a pie, que dependen únicamente de la libreta, tienen niveles de consume calórico de 1,450 diarias por persona. Con la ayuda de las remesas esta cifra ronda, pero aún no llega, a las 2,000 calorías por individuo. El propio Ministerio de Salud Pública cubano considera 2,971 calorías por día el nivel óptimo, y el de dieta básica 2,218.

¡El propio gobierno estaba admitiendo que los cubanos casi se estaban muriendo de hambre!

¿Y que de las proteínas? Los niveles del Ministerio, óptimos y básicos, indicaban consumos diarios de tres y dos onzas. Pero el consumo ha caído a 1.6 onzas, con una reducción más seria del de origen animal. También han sido reportados por esta entidad déficits generales de vitaminas A, B1, B2, B6, y C, como también de hierro, fósforo, ácido fólico, y calcio. ¡No en balde la tasa de suicidios por habitante es la más alta del mundo!

Otro indicador de la crisis de salubridad de Cuba hay que encontrarla en la población. La tasa de reproducción es de 1.5 hijos por mujer, con tendencia a la baja. La causa directa más importante de la contracción de la población que esto asegura, es el crimen del aborto cubano, sistema cruel y peligroso dedicado a producir cifras bajas de mortalidad infantil. Una de cada tres gestaciones termina así. Pero otras causas de una caída de 25 por ciento en la tasa de fertilidad son la crisis de la vivienda, la escasez de comida y en general el declive en las condiciones de vida de la población, con pocas perspectivas de mejora. Un indicador muy certero de la tendencia poblacional, el número de hijas por fémina, ha bajado de 2.3 al comienzo de la década de 1960, a 0.7 hoy día, lo que asegura una población declinante. Para completar esta descacharrante estadística con un tema moral: las mujeres solteras contribuyen tres de cada cinco nacimientos en la isla.

Finalmente, después de muchos años de crecientes problemas, el sistema de salud de Cuba ha hecho crisis. A pesar de tener un promedio alto de doctores de familia por habitante (y relativamente pocos especialistas), aproximadamente una tercera parte está siendo exportada a los países pobres del mundo (fundamentalmente Venezuela), con el objetivo de obtener divisas para la *nomenklatura* cubana. Una porción semejante está asignada a las Fuerzas Armadas, los más importantes funcionarios gubernamentales y sus familiares, y los turistas. Lo que queda para el pueblo es altamente insuficiente, y con el tiempo de menor calidad, porque trabajan aislados del hospital. La carencia de medicinas, excepto para las anteriormente citadas clases privilegiadas, es denigrante, y tiene que ser suplida por los envíos de los cubanos exilados. Los centros de salud, con excepción de los asignados a las ya citadas nuevas clases y los extranjeros, se encuentran en un estado deplorable, requiriendo el auto-suministro por parte de los enfermos de los elementos más básicos, que van desde ropa de cama hasta analgésicos, pasando por los componentes básicos del curetaje. A pesar de ser el *factótum* en la salud, (Cuba no le concede la responsabilidad debida a los paramédicos y enfermeras), los galenos cubanos prefieren trabajar por la izquierda, o en el turismo.

¿Qué enfermedad delirante tiene Michael Moore para afirmar que el sistema cubano de salubridad es superior al americano? ¡Que se la vaya a tratar a Cuba!

El derecho al atraso

Escribo esto el Día de los Derechos Humanos Universales. Estos han sido complementados por otros derechos. En 1966 se proclaman los Derechos Económicos, Sociales, y Culturales. Hasta hoy Cuba no ha firmado esta convención; lo cual no debería de extrañar pues su desgobierno está dedicado al atraso de la isla en estos tres campos.

Estudios económicos a lo largo del tiempo, y a través de países, han logrado establecer una alta (y no espuria) relación entre el consumo de electricidad de los hogares, y su nivel de desarrollo. Solo hay que examinar la cartilla de desabastecimiento cubana para ver reflejado el atraso en el racionamiento de combustible. Entre los ocho tipos que se controlan leemos: carbón o leña, querosene para refrigerador, alumbrado de querosene, y querosene con precalentamiento. ¡En que década, de las primeras del siglo pasado, ha sido sumido el pueblo cubano! ¡Y además, todo ello en falta!

Y que del aseo, la higiene y la salud. El cubano de a pie recibe un tubito de pasta dental al mes. Pero el mismo no siempre aparece. La salud bucal está íntimamente relacionada con el adecuado funcionamiento corporal, especialmente en una población envejecida como la cubana. Es peor la situación del jabón de baño. He viajado por todo el mundo y jamás he encontrado un pueblo más limpio que el cubano. Pero el de entonces... no el de ahora. Como podría serlo con media pastilla de jabón, cuando más, cada dos meses. Y peor es la situación del lavado de las piezas de vestir, ya que el jabón de lavar es de entrega aún más infrecuente, y el detergente hace tiempo hizo mutis por el foro. No en balde en las encuestas que hace el régimen para tomarle el pulso a la población, el 21 por ciento mencionó los productos de higiene y limpieza entre las principales necesidades de la población.

Para rematar la salud en la isla, lo que si se entrega en abundancia es el cigarro (para muchos otros latinoamericanos llamado cigarrillo). Ese si no falta cada mes para horror de mi hermano el pulmonólogo (claro Fidel no fuma... pero envenena). En el cigarro curiosamente se entregan dos variedades: el fuerte y el suave. Y es el primero el que nunca falta. Esta nociva abundancia se la tenemos que apuntar a la Souza Cruz brasileira, una filial de la British American Tobacco, que controla esta industria en Cuba, corno consecuencia de que Cuba no paga sus deudas, ni toma chocolate. Los brasileños cambiaron la deuda por activos hacia finales de los noventa, y después su compañía fue adquirida por los británicos. El tabaco menos pernicioso (para otros hispanos cigarros) brilla por su ausencia, lo que no sucede con los fósforos que aterrizan tres veces al año.

Curiosamente hay productos que aparecen impresos en la cartilla y que los cubanos hace tiempo no pronuncian, corno la manteca y el tomate. Mientras que otro esencial se agrega a mano: una libra de sal cada tres meses. ¿Será porque dos de ellos pudieran ser perniciosos a la salud? Yo no creo que a los jerarcas de Cuba esto les importe un pito. Lo que sí es clave para esa robolución son sus cuentas numeradas en los bancos suizos. Estos bienes están desaparecidos, o en falta (corno el petróleo venezolano y el azúcar blanca, que no la prieta) al vaivén de los negocios de las pirañas de la piñata cubana.

La cartilla también especifica la dieta de los enfermos. Esta pareciera destinada a prolongar la enfermedad. Comentemos las entradas: cuando más dos libras de cárnicos (corno picadillo de soya extendido) al mes, un kilogramo de leche en polvo aproximadamente cada dos meses, y leche aguada y descremada (cuando aparece) una vez cada tres días. Y para de contar.

Y para ponerle la tapa al pomo del futuro, el atraso y la falta de desarrollo económico, social, y cultural de la isla, se prevé que empeore, ya que según el ordenamiento (ranking) del International Business Chronicle aparece en el último lugar de las Américas (más bajo que Haití) en cuanto a la tecnología comunicacional. Su utilización telefónica, tanto la tradicional como la celular, su disponibilidad de computadoras, y su acceso de todo tipo a la internet, ya sabíamos que era de los más bajos del mundo.

La verdad monda y lironda

Cuando inicié mi ininterrumpida lucha contra la tiranía castrista y castrense de Cuba, escribí un artículo leído desde Radio Swan, evaluando el desastre de la economía cubana ya en 1960. En esa época me llamaban el benjamín de los economistas cubanos. A este le siguió otro en que ilustraba la importancia del capital humano (más que el físico), y estimaba que nuestra isla había perdido $27,000 millones por la fuga obligada de cerebros producida por el comunismo. La riqueza profesional cubana se efectivizó por todo el mundo, y solamente aquellos que en los primeros dos años fueron obligados a partir, tendrían un valor capitalizado presente de $150,000 millones, y hoy están regados por los Estados Unidos y el mundo. (Hay un cubano emprendedor debajo de cada piedra).

A pesar de que algunos se olvidaron de sus iniciales criticas económicas basadas en la mendacidad de los datos cubanos, la temprana crisis de la alimentación, la salud, la educación (¡de todo!), me dejó claro que el régimen estaba condenado al fracaso. El resto de la historia ya es conocida. Como se conocía también en todos los regímenes comunistas existentes en ese momento. Se estableció el racionamiento. Se desplomó la producción. El gobierno castro-castrense se hizo dueño de todo. Inclusive comunistas chilenos que yo conocí en 1959, cuando forjaba mis pininos de economista (como Jacques Chonchol, luego ministro de agricultura de Allende) criticaron el gigantismo de la reforma agraria cubana, en que se crearon enormes granjas del estado, y nunca se repartió la tierra a los guajiros.

¿Y qué del embargo americano, la excusa de rigor? ¿Qué embargo americano? Cuba continúa comprando abiertamente productos estadounidenses a través de todos los demás países del mundo con filiales y subsidiarias americanas (prácticamente todas las naciones del globo) pero principalmente Canadá, España, el resto de Europa y la América Latina. ¡Y con créditos! Este enjuague continuó hasta la Ley para la Democracia en Cuba del Senador Torricelli en 1992. Desde entonces sucede lo mismo. Lo único que subrepticiamente. ¡Los aire acondicionados de los hoteles de Cuba se compraron en Miami! (Esto es *vox populi*). Y las remesas, ayudas y pagos provenientes de Estados Unidos ascienden a $3,000 millones anuales.

Los países occidentales nunca le han dejado de prestar (regalar) a Cuba... y lo siguen haciendo. *Vide* la desvergüenza del reciente espectáculo del gobierno español refinanciando la impagable deuda cubana con la «madre patria», que todos los años crece más de $600 millones. Suecia, que ahora es de los países europeos que están más claros, era el *partenaire* del desarrollo cubano en la década de 1970, hundiendo en la Fosa de Bartlett (la más profunda del mundo) cientos de millones de dólares. Para no hablar del Plan Marshall del Bloque Soviético, de mucho más de $120,000 millones a precios de entonces. Hasta a Agostinho Neto le sacaron las lascas con la guerrita de Angola.

Los mayores descaros surgieron en los años 1980. A algún desalmado se le ocurrió el dormir a los europeos con el cuento de los mercados campesinos, la primera (estreñida) ley de inversión extranjera, en fin la aparente perestroika cubana. Todo eso para conseguir prestamos por más de $5,000 millones de los europeos y latinoamericanos (a Alfonsín, como dicen los che, le vendieron una culebra)... y nunca pagárselos. Prometieron (esto es en serio) generar exportaciones industriales por $1,000 millones anuales para la segunda mitad de esa década. A los soviéticos les tomaban el pelo con la «bicicleta cubana»: compra azúcar (que no produzco) en los mercados mundiales a 10 centavos, vende a los bolos (rusos) por 40, consigue a cambio petróleo a 5 centavos el galón y venderlo por muchas veces eso a los occidentales. Durante esta década dorada hubo años en que Cuba generó un mayor valor de exportaciones petroleras que azucareras.

¡Ese fue de verdad el periodo especial! Ahora Cuba está viviendo el periodo normal. Del país recordista como picador del mundo, ahora es solo uno de los grandes pícaros. Haciéndole cuentos a Chávez, a los europeos, a los latinoamericanos, a los canadienses, a los japoneses, a los chinos, a los israelíes, y hasta a los agricultores que todos los contribuyentes americanos subsidiamos.

¿Es todo esto el embargo que ha hundido a Cuba en el mar? *No way*. Es el comunismo castro-castrense.

La cartilla de racionamiento

Seguramente que Jean Ziegler, relator del nuevo Consejo de Derechos Humanos de las Naciones Unidas (ONU), no pasará hambre en Cuba. Y como representante de este Consejo, controlado por los países violadores de estos derechos (entre ellos este último país), no encontrará estómagos vacíos y rugientes en la isla. ¡Qué otra cosa esperar de un admirador consuetudinario del régimen castro-castrense! La independiente Christine Chanet, relatora de la disuelta, y más celosa, Comisión con el mismo nombre, no pudo ni asomarse a la isla.

A lo largo de mis lecturas cubanas me he encontrado citas sobre lo que el desgobierno de Cuba llama eufemísticamente la libreta de abastecimiento (por extenso, control de ventas para productos alimenticios). Por lo general las he encontrado inconsistentes entre sí, y generalmente equivocadas. Estas reportan lo que se reparte (cuando toca y hay) en la ciudad de La Habana, así que adicionalmente son parciales. Ya que sucede que la gran mayoría de la población reside fuera de este ámbito (donde hay y toca menos). En esta situación nos concentraremos, ya que es la más común.

Ante todo debemos comentar que el documento que se entrega a los núcleos familiares es de una cubierta, papel e impresión de tan mala calidad, que a pesar de todos los cuidados que se tomen, es prácticamente imposible que dure el periodo anual que se supone cubra. Especialmente cuando hay que presentarlo, para tratar de obtener suministros, a diversos expendios, a saber: bodega, puesto, carnicería, pollería, pescadería, leche (sic), combustible (sic) y panadería. Y realizar las consuetudinarias colas con la consecuente reducción del día útil.

Generalmente para comer hay que primero cocinar, así que comenzaremos con la ración de combustible: cinco litros de queroseno (<u>sic</u>) al mes, y dos y medio litros de alcohol para su precalentamiento. Como esto por lo general no alcanza, hay que comprar gasoil por fuera de la libreta. O si no utilizar la leña, el cual es el combustible más utilizado en las zonas rurales (Cuba tiene uno de los consumos de leña por persona más altos de mundo, según estadísticas reportadas a la ONU).

La cartilla comienza por un pedazo de pan, a obtener del panadero, de inferiorísima calidad, y que prácticamente cabe en una mano. Este engrudo es más o menos diario. Al mes la cartilla nos anuncia cinco libras de arroz; dos libras de granos (a veces una); un cuarto de libra de aceite; dos libras de azúcar blanca y tres de prieta (de vez en cuando falta); y un paquetito de café de cinco onzas. Una libra de sal se entrega cada tres meses.

Otros productos controlados son los «cárnicos», bajo el cual se distribuye una libra de picadillo extendido de soya al mes, con alguna carne que pudiera ser de pavo u oca, junto con una libra de pollo. Cuando aparecen, tocan dos huevos al mes por persona. El pescado (negro) se distribuye mensualmente en una ruedita o una colita. Y la papa no llega desde la visita del Papa. Una persona que tenga que depender de estos suministros mensuales, comprobará que se esfuman, cuanto más, en una semana.

Estas entregas se complementan con víveres controlados que se venden ocasionalmente a precios liberados (mayores que los de la cartilla), a veces un par de libras de arroz, otra de frijoles, media de fideos, un paquetito de café, un «chocolatín» (ahora desaparecido). Esto sucede generalmente después de serios fenómenos atmosféricos, como compensación por la falta de productos durante los mismos (fundamentalmente hablamos de ciclones).

Es tan grave la crisis alimenticia en Cuba, contrariamente con lo que se puede esperar del informe que someterá el relator (y en que cualquier problema será atribuido al inexistente embargo), que las encuestas que de vez en cuando realiza el desgobierno cubano lo muestran como la principal preocupación de la población. Superando al gravísimo problema de la reparación y mantenimiento de la vivienda, que al principio de este siglo lo consideraban más acuciante. Pero el totalitarismo castrista está ufano de que, el complementar la irrisoria cartilla racionadora con el resolver, le llevan al cubano de a pie todas las deficientes calorías y proteínas que absorbe, y el tiempo que tiene, no dejándole nada para oponerse a su dictadura.

La futura subsistencia alimentaria en Cuba

He expuesto en artículos anteriores la situación precaria de la producción azucarera en Cuba, a pesar de casi diez años de reforma reciente. Al final del cuento, lo que esto le ha costado al país en su desaparición entre los puros exportadores del dulce, que no tienen a su vez que importar, y una reducción del consumo interno de 700,000 a 350,000 toneladas anuales.

Aunque no tan bien diseminado, no ha sido muy diferente al resultado para el otro tradicional producto cubano de exportación: el puro. Hoy en día la industria tabacalera está prácticamente en manos de la firma española-francesa Altadis, que hasta ha asumido la asistencia técnica a los vegueros cubanos, ahora más independientes dado el fracaso del comunismo en la agricultura del tabaco.

Hoy en día la gran mayoría de los cubanos se alimenta peor que los esclavos cuando Cuba era una colonia española. En aquella época ingerían libremente fiambre, casabe y tasajo, cuyo contenido calórico y proteínico era superior a los depauperados niveles que inclusive Cuba reporta a las Naciones Unidas. No en balde los macheteros cubanos de hoy rinden 80 a 90 arrobas de caña de azúcar por día, en vez de las 120 a 150 antes de la era revolucionaria.

Cuando Cuba se libere de su comunismo del siglo veinte, y después de la ayuda alimenticia inmediata que recibirá de prácticamente todos los países y organismos internacionales del mundo, tendrá que preocuparse de su agricultura, ganadería y pesca de subsistencia. Esta última fácilmente se olvida y recrimina, pero no debemos olvidar las estadísticas que muestran que el consumo por habitante de pescado en Cuba antes de la revolución era mayor que en los Estados Unidos, y que entonces exportábamos más langosta y camarón que ahora.

Para aumentar la producción del campo y el mar Cuba tendrá que ofrecer crédito a sus productores. Créditos a la producción (refacción); préstamos para el almacenaje, transformación y eventual distribución intermediaria del producto (pignoración). Con ellos los productores podrán adquirir los insumos necesarios para aumentar la oferta de estos bienes en mercados liberalizados. Se necesitarán semillas registradas y mejoradas, al igual que fungicidas, herbicidas y fertilizantes para los pequeños agricultores y cooperativas independientes, para emprender cultivos de tres meses a un año de duración. El desarrollo porcino y avícola también podrá rendir en el corto plazo con apoyo financiero, requiriendo las necesarias raciones alimentarias para los cerdos y aves. Los pescadores podrán responder igualmente a similares incentivos crediticios. Por supuesto, todo ello tendrá que acompañarse con hacer disponibles las facilidades básicas de transporte, los frigoríficos y los sistemas de distribución, nuevamente con el financiamiento. Este deberá consistir de una nueva red de entidades bancarias y de micro-crédito, parte privada y parte pública. Una significativa proporción de este financiamiento tendría que ser en divisas, ya que habría un componente importado en este esfuerzo, proviniendo las mismas, a corto plazo, de donaciones del exterior. Una buena parte de la asistencia técnica también necesaria, podría venir de los exitosos agricultores cubanos del sur de la Florida.

Para tener una idea de lo que pudo haber sido y no fue, y lo que debieran ser nuestros primeros objetivos, ilustremos con dos productos esenciales para el consumo cubano. En 1957 Cuba cosechó más o menos 1.100.000 quintales de café, y exportaba pequeñas cantidades del producto. Hoy día continúa exportando algo similar, pero sólo produce 250,000, con una población de casi el doble. Esto significa que el café que se toma actualmente en la isla es mezclado con achicoria y hasta semillas de aguacate.

Refirámonos ahora a otro producto esencial: el arroz. Antes del totalitarismo castrista se consumían cerca de siete millones de quintales. Y se estaba llegando a producir casi 4.5 millones. Dadas las características de las fincas arroceras cubanas, con técnicas adelantadas y altos rendimientos, se podía prever hasta posibles exportaciones futuras. Actualmente la cosecha de arroz en Cuba arrostra una gran crisis, y hay que importar grandes cantidades para cubrir las míseras raciones por dentro de la libreta.

Para lograr revertir este proceso inexorable de destrucción de la producción primaria de subsistencia en Cuba, es necesario hacerla atractiva para los productores. Los sacarócratas comunistas cubanos la abandonaron, dedicando dos millones de hectáreas a la caña de azúcar. Además, se llegó a concentrar hasta el 85 por ciento de la población en las zonas urbanas. Por ello es también necesario el crédito y la asistencia técnica que, de verdad mejore la vivienda, la salud, la educación, y las condiciones sanitarias para los que producen estos bienes primarios, basados en la unidad de producción, y sin gravar la tierra, ni los instrumentos de producción.

Primera tomografía del azúcar cubano

El declive evidente en el número de centrales comenzó en 1992. No todos molieron ese año. A pesar de que las subvenciones en el intercambio de petróleo por azúcar proporcionadas por la ex-Unión Soviética, aún estaban parcialmente vigentes. Pero por décadas los cubanos ya habían estado canibalizando algunos ingenios, para que el resto pudiera continuar funcionando. Aún con los enormes subsidios del Bloque Soviético antes de 1992 (entre otros, siete toneladas de petróleo por una de azúcar en 1991) lo que atestigua la completa ineficiencia del gobierno cubano.

Recordemos que en 1959 había 161 ingenios de azúcar en Cuba. Los soviéticos construyeron seis. Por tanto, de los 167 centrales que deberían haber estado disponibles, solo 156 operaban en 1991. Algunos de los anteriores fueron desmontados y vendidos a países del Caribe.

El cierre de centrales aumentó en 1997 y 1998. Ya en 1999 solamente 116 molieron, y esta tendencia continuó hasta que en el año 2002 solo 104 ingenios se mantuvieron activos. Para la zafra del 2003, solamente 71 fabricaban azúcar, y 14 producían mieles.

La siguiente señal que arroja la tomografía del azúcar en Cuba es todavía más preocupante. La producción en 1992 fue de siete millones de toneladas. Los cuantiosos subsidios del Bloque Soviético, algunos evidentes y otros escondidos, no lograron el objetivo explícito de convertir a la Isla en la azucarera comunista. La meta, que nunca fue cumplida, era el producir 14 o 15 millones de toneladas del dulce en forma de crudo, para refinarla fundamentalmente detrás de la Cortina de Hierro.

Pero el andamiaje que podemos observar al presente es de una estructura de producción totalmente colapsada. Para el año 1995 la producción cubana fue de 3,258,000 toneladas, menos de la mitad de lo producido tres años antes. Entonces el gobierno de Cuba invento un nuevo esquema de subsidios, en adición a los que continuaban recibiendo (aunque disminuidos) de una reducida Unión Soviética (Rusia). Le propuso a suministradores, financistas y negociantes de azúcar que les prestaran divisas para adquirir pesticidas, herbicidas, fertilizantes, piezas de repuesto y combustible. Este financiamiento ascendió a $500 millones al año desde 1996 hasta el 2002, y por supuesto nunca fue reembolsado. Pero consiguió que la zafra subiera, con altibajos, a un promedio de alrededor de 3,850,000 toneladas por año. Al hacer crisis esta cifarra, y junto con la eliminación final de las subvenciones rusas en 1999, en el 2003 y el 2004 los centrales solo pudieron moler algo más de 2,000,000 de toneladas. Para desplomarse finalmente a 1,300,000 toneladas para el 2005.

La señal tomográfica más desconcertante es que Cuba ha tenido que importar azúcar desde el 2001 en adelante, incluyendo 300.000 toneladas el presente año, para cumplir sus compromisos externos. Y el consumo interno (ahora incluyendo a los turistas) ha quedado limitado a 700,000 toneladas anuales, de las 930,000 del 1992, a pesar de que la población cubana supuestamente ha aumentado desde entonces.

En 1991 Cuba era el mayor exportador del dulce, y aportaba el 6.7 por ciento de la producción mundial. Hoy día es un asterisco en las estadísticas mundiales de exportación, habiendo sido ya superada por Brasil, Australia, Tailandia y Francia, y probablemente por Guatemala, Colombia y Alemania en el año en curso. Duele recordar que en los últimos años de libre empresa en la Isla, del 1955 al 1959, el 35 por ciento de las exportaciones mundiales eran cubanas.

Pero hay una cosa positiva que arroja la tomografía. Acaparando el 75 por ciento de la ayuda externa del Bloque Soviético, y llevando la hambruna a los consumidores de esos países, el desastre de la economía cubana determinó la desaparición de la Cortina de Hierro, y la extinción del comunismo como sistema económico (y eventualmente político) viable.

Segunda tomografía del azúcar cubano

Por segundo año consecutivo Cuba producirá solo 1.3 millones de toneladas métricas (TM) de azúcar, y exportara 600,000 TM netas, ya que tendrá que importar la mayor cantidad del dulce en su historia para cumplir compromisos perentorios. Ya en la zafra del 1907 Cuba produjo casi 1.5 millones de TM. Y las exportaciones netas fueron de 811,000 TM al comenzar la Republica en 1902. Todo ello con una población que representaba alrededor del 15 por ciento de la actual.

Este desplome ha afectado grandemente la economía de la Isla, a pesar de que las mañosas estadísticas que publican las agencias de la Organización de Naciones Unidas no lo reflejen así, ya que tienen que aceptar las que les envían sus jefes (los países miembros). Por supuesto, los medios noticiosos se hacen eco de las mismas. El sector azucarero siempre representó, al menos, el 25 por ciento de la economía cubana, habiendo llegado a casi el 35 por ciento en el periodo especial de los subsidios Marshallianos del Bloque Soviético. ¿Quién pudiera creer, sin anteojos de colores, que una contracción de alrededor del 80 por ciento en este complejo productivo en los últimos 15 años, y alrededor de 60 por ciento en los postreros cinco, no haya hecho caer *pari passu* el Producto Interno Bruto (PIB) de Cuba?

El PIB mide la producción, y hay que acompañarlo con cifras de cantidad. Citemos algunas. El área plantada se ha reducido a casi la mitad desde 1991. Algo más ha bajado el rendimiento de caña por hectárea. La yerba mala cubre más del 15 por ciento del área cultivada. El transporte de la caña está en crisis, con las importaciones de petróleo habiéndose reducido a la mitad, lo que también ha afectado las operaciones en campo y central. (El suplemento soviético era tan grande, que durante algunos años en la década de 1980, Cuba exportó más petróleo que azúcar, en términos de valor.) Las labores de limpieza, mantenimiento y reparación se han reducido drásticamente por falta de piezas de repuesto. Y el rendimiento de azúcar por caña molida descendió un 25 por ciento.

Pero el efecto multiplicador socio-económico del sector azucarero es aún mayor. Existen centrales en más del 70 por ciento de los municipios en la Isla. Los mismos representan la tercera parte de la capacidad industrial cubana. El extenso sistema de transporte por ferrocarril y terminales marítimas cubanas, estaban estrechamente ligadas a la exportación de azúcar. Cerca de medio millón de trabajadores cumplían sus tareas en este complejo agro-industrial. Y en él se apoyaban los sistemas financieros, comerciales, distributivos y de servicios educacionales, medicinales y sociales de Cuba. Etc., etc., etc. ¿Quién pudiera creer que el níquel y el turismo, concentrados en escasos y alejados polos, y con su actividad estancada, pudieran compensar por la extensa debacle azucarera?

Sin embargo hay esperanza para los productores azucareros cubanos y para el país. En 1994 la firma Archer Daniels Midland (ADM) visitó a Cuba y propuso la conversión de gran parte de la producción cubana, entonces de cuatro millones de TM de azúcar crudo, a la generación de etanol. En esa época los precios del petróleo estaban mucho más bajos, y había dudas sobre si el producto sería competitivo. En un artículo que publicáramos en este diario hace algunos años, dijimos que la competitividad del mismo suponía un precio de al menos $40 el barril de crudo. ADM basaba sus cálculos más favorables en los precios del etanol en California, que ha mantenido los mayores niveles de protección al medio ambiente en los Estados Unidos (EE.UU.), y que podría importar a través de México, aprovechando el tratado de libre comercio que recién habían firmado estos dos países. Este esquema fracasó por la ley Helms-Burton.

Pero en la Cuba de libre empresa del futuro, la única que haría asequible un crecimiento económico, el etanol llegaría a los EE.UU. directamente sin pagar tarifas aduaneras, por las preferencias a los países del Caribe, que están muy lejos de cubrir sus cuotas. Y a muy bajos precios CIF en puerto americano, porque la conversión es más barata que la maicera, y el costo de transporte muy competitivo. Esto ayudaría también a resolver los cuellos de botella que tiene actualmente Cuba en su producción de azúcar, que por su grado de mecanización y largura, necesita del carburante (que ya allí se utilizaba como combustible de automóvil al nivel de la Primera Guerra Mundial). Por otro lado, los brasileros nos han mostrado como flexibilizar la producción de azúcar versus etanol, dependiendo de los precios relativos. Cuando el precio del dulce sube relativamente (como ahora que el valor de la TM está prácticamente pareja con el del petróleo), los centrales podrían producir más azúcar y menos etanol. Y vice-versa.

La magia que desapareció el azúcar cubano

Me encontraba oyendo el clásico programa radial que se originó en el mítico Lake Wobegon, Minnesota, y apareció un conjunto cubano entonando: si se rompe, se compone. Esto me llevó a la nunca olvidada Celia Cruz y su azuucaaa. Y me pregunté si hubiera la guarachera de Oriente nacido en la Cuba de hoy ¿se le hubiera ocurrido el estribillo? Porque como por arte de magia la gramínea que llevaba en su entraña ha prácticamente desaparecido de Cuba, mientras que ronda y pulula por el resto del mundo.

El Servicio Nacional de Estadísticas Agrícolas (National Agricultural Statistical Service) nos informa que en el 2005 se produjeron 119.2 millones de toneladas de azúcar en el mundo, tanto de caña como de remolacha. En Asia y Oceanía, donde se concentra la población mundial, se produjo aproximadamente el cuarenta por ciento de la misma, por debajo de su participación en la población del mundo. Algo más de diez por ciento de lo que se produjo, tuvo lugar en Norteamérica, cuya población participa con bastante menos de eso en la mundial. Pero Europa Occidental casi contribuye el 20 por ciento de la producción de azúcar, aunque su participación es inferior al diez por ciento de los habitantes del mundo. Lo más llamativo es la comparación entre producción azucarera y personas en América del Sur: 30 por ciento de la producción del dulce, y solo 10 por ciento de la cuota poblacional del mundo. Esto nos conmina a preguntarnos ¿Por qué diablos no puede Cuba producir azúcar?

Hace casi dos décadas (1989) Cuba producía 8.121 millones de toneladas (alrededor de siete por ciento de la producción mundial), y sus exportaciones por este concepto ascendían a $3.959 millones. Para 1993 esta producción se había reducido a 4.246 millones de toneladas, con un valor de exportación de $820 millones. En el año 1995 comienza el cierre temporal de ingenios. Las existencias de azúcar al final del año azucarero caen de 500,000 toneladas en 1992 a 170,000 en 1994.

Para explicar este desplome durante la primera mitad de la década de 1990 muchos han puesto el dedo en la llaga del subsidio soviético, que fue aminorando hasta desaparecer completamente en la segunda mitad del año 1992. Recordemos que hasta en 1991 la Unión Soviética pagó el azúcar de la isla a 36 centavos la libra. Esta cifra había descendido de los 50 centavos de finales de la década de 1980, pero aun representaba cuatro veces los precios imperantes en el mercado mundial, al que corrientemente los rusos reexportaban el dulce cubano.

Sin embargo, al dolarizarse la economía cubana en 1993, su industria azucarera comenzó a recibir sustanciales prestamos en moneda dura del exterior, que hasta 1999 se mantuvieron en niveles de $500 millones al año (y que siempre se refinanciaban), a pesar de que las reformas económicas se habían comenzado a desarticular en 1995-96. Por otro lado, Rusia y China se mantuvieron comprando la mayor parte del crudo de Cuba, constituyendo más del 66 por ciento del total exportado de 1995 a 2002. Y la Isla todavía estaba importando 6.9 millones de toneladas métricas de petróleo en 1997, apoyado en un trueque con los rusos de 3 toneladas de crudo por una de azúcar.

¿Cuáles fueron las verdaderas razones del desplome de la producción cubana del dulce? El lado industrial de la producción fue el menos responsable, aunque hay que atribuirle un pobre mantenimiento y falta de las reparaciones necesarias en los centrales, con el rendimiento industrial disminuyendo al 10.6 por ciento de azúcar por caña en el quinquenio 1996-2000. Pero el talón de Aquiles fue el sector agrícola, comenzando por la creación de las Unidades Básicas de Producción Cooperativa, que operan las tres cuartas partes de las antiguas colonias de caña. La gran mayoría de ellas provinieron de las granjas del estado, donde se había concentrado el grueso de las tierras cubanas, al no ser las mismas repartidas a los campesinos como originalmente prometido. La ficción que se intentó establecer era que una buena parte de la producción de azúcar había pasado a manos de particulares. Pero estos no se llamaron a engaño. Todavía dependían de la Unión .de Empresas Operadoras de Azúcar y sus Derivados, a su vez parte del Ministerio del Azúcar. Estos últimos determinaban un acopio total de la caña de azúcar; pagaban precios irrisorios por el producto; malamente cotizaban las distintas faenas requeridas (alza, tiro, limpieza, etc.) antes del transporte del producto al complejo industrial del cual formaban parte; remuneraban al trabajador en pesos cubanos sin poder de compra real; dirigían las tareas como militares, incapaces de entender el concepto de eficiencia económica; extendían militarmente sus zafras, meses más allá del rendimiento eficiente, poniendo en peligro las venideras. Con estas persistentes dificultades técnico-administrativas, no debe extrañar a nadie la ausencia de caña en los campos cubanos.

Mientras los costos de sus competidores bajan, los de Cuba suben. Sin incluir todos los costos agrícolas, y el de los insumos importados (y subsidiados), el costo de producir una libra de azúcar en Cuba supera los 16 centavos la libra. La mayor parte de esta ineficiencia se debe a la falta de incentivos y la mala administración. Y por eso es que Cuba ahora tiene que importar azúcar; inclusive de Estados Unidos, para cumplir sus compromisos externos, mientras que en la práctica disminuye la ración que le toca a los cubanos de a pie.

Las remesas dichosas I

Son muy dichosos los que reciben estas dichosas y generosas remesas. Especialmente cuando provienen de países que los mantienen embargados. Las exportaciones e importaciones limitadas, pero erosionadas por subterfugios ilegales. El turismo, exportación de Cuba al mercado americano, que es el caso más egregio de los mencionados, se disfraza a través de contactos culturales, religiosos o educativos. Las importaciones americanas no permitidas llegan a través de México, Panamá o algún otro puente cercano.

Pero en estas cuentas externas, ¿cómo se consideran estas remesas? Ellas se registran como pagos o transferencias no retribuidas, y equivalen a exportaciones cubanas de buena voluntad y agradecimiento (cuando lo hay) hacia los Estados Unidos (EE.UU.). ¿Quién pudiera seriamente protestar del tal embargo, generador de divisas, y aún llamarlo bloqueo? ¿Y hasta cínicamente protestar de los nuevos ricos (en términos relativos) que las mismas crean, mientras aumentan los precios de lo que ellos compran por fuera de la mísera libreta, en las Tiendas de Recuperación de Divisas? Recuerden que el salario promedio en la Isla, aun después de los recientes aumentos, es de $12 al mes, y la Tesorería de EE.UU. permite envíos de cerca de diez veces esta cantidad a familiares cercanos.

Las cuentas externas de los países se reflejan en los balances de pagos que las transacciones internacionales implican. Estos mecanismos contables registran los pagos que obtienen los países cuando exportan, reciben remesas, hacen disponibles sus recursos humanos y naturales a la inversión extranjera directa, consiguen préstamos del exterior para desarrollarlos o donaciones de fuentes oficiales (gobiernos de países ricos y bancos internacionales públicos que los mismos financian). Para que tengan una noción de la importancia de las remesas contemplen que, en el año 2005, fueron mayores que las inversiones extranjeras directas para los países en vías (eternas) de desarrollo, siendo que estas últimas superan ampliamente los ingresos que reciben los países en préstamos o ayuda externa.

El caso de Cuba no es diferente. La inversión extranjera directa se ha mantenido a niveles promedio de $50 millones anuales, lo que muestra que hay muy poco interés por parte de los inversionistas extranjeros en utilizar los recursos cubanos. En cuanto a las donaciones externas de gobiernos o entidades públicas internacionales, las mismas no alcanzan los $150 millones anuales. Los préstamos externos, todos a plazas de un año o menos, y tasas de interés leoninas (con excepción de los venezolanos) se estiman en aproximadamente $800 millones por año. Mientras que las remesas superan los $1,000 millones cada año, considerando las últimas restricciones del gobierno americano, y las maneras creativas de burlarlas que los emigrantes cubanos han inventado desde su imposición. Es decir, que estas remesas equivalen a todos los demás pagos internacionales legítimos (no incluyendo lavados de dinero) que recibe el gobierno cubano a través de sus cuentas externas. Para financiar los importes que implican sus importaciones perentorias de bienes ($3,750 millones), que representan dos y media veces sus exportaciones de bienes ($1,500 millones).

El remanente del déficit entre estas exportaciones e importaciones, se financia con el balance neto de pagos del turismo en Cuba (una buena parte proveniente de EE.UU., aun después de las recientes limitaciones) y por medio de las transacciones ilegítimas. Y todavía sobra para que las pirañas de la piñata (léase la alta cúpula del totalitarismo castrista), puedan depositar en sus cuentas numeradas en Suiza, y otros paraísos fiscales del mundo ¡Que desparpajo!

Y no esperemos que esto cambie, porque la investigación muestra que, mientras mayor sea la crisis económica, más aumentan las remesas dichosas.

Las remesas dichosas II

Por las bien intencionadas críticas de un querido amigo en columnas de este diario, nos hemos quedado sin los estimados anuales del flujo de remesas a Cuba que realizaba el Banco Interamericano de Desarrollo. La tempestad (en un vaso de agua) se refería a si las remesas eran por envíos de familiares y amigos a la Isla desde el exterior, o a lavado de dinero narcotraficado. Hay una buena expresión americana que engarza como anillo al dedo: «Who cares?». Como decía Deng Xiao Ping, que encarno la reforma china de 1978, mientras cace ratones ¿qué importa el color del gato?

Ahora nos quedamos sin esta fuente para elucubrar cuanto oxígeno le estamos enviando al mentalmente postrado Castro. Y tendremos los sesgados estimados del régimen, reportados *verbatim* por la CEPAL. Lo incontrovertible es que los envíos a toda América Latina están por los $45.000 millones en el 2004, sin incluir viajes ni envíos en especie, y algunos países pequeños cercanos reciben $3,000 millones al año. Los colombianos saben que parte de sus remesas se las deben a los drogueros, pero prefieren tener las cuentas, aunque sean turbias.

Este oxígeno remesivo que le viene a Castro del exterior, pues le hace vivir de piñata en piñata, yo lo calculo aún más alto que los $1.194 millones anuales del BID para el 2003 (el régimen los estima en alrededor de $1,000 millones). Porque como se trata de incluir todas las fuentes que entran a la cámara de respiración, hay que incluir también los $400 millones por año que gastaban directamente los «turistas» cubano-americanos. Y no me dejen fuera a los Pastores de la Paz y demás ayudas cuantitativas de tipo religioso, de las organizaciones no gubernamentales (ONG), de las empresas americanas que se exhiben y estudian y negocian con la Isla, etc. (estimados hace varios años por el Congreso americano en alrededor de $500 millones anuales). Y al final vienen las «pequeñas partidas». Los «gusanos» que pululan por los aeropuertos americanos vía Cuba, y los negocios de Envíos, más las mulas. Los $100 millones anuales por las llamadas telefónicas a la Isla que pagan las compañías de telecomunicaciones americanas; lo que contribuyen las compañías aéreas por el permiso por sobrevolar el territorio cubano; y para utilizar una expresión de un legendario soberano del antiguo Siam, etc., etc., etc.. Sumen todo lo contabilizado y verán que excede los $2,000 millones al año, francamente. Fíjense que no he incluido a los narcos (los estimo en $500 millones anuales).

Y por eso se explica la resurrección del chavito (peso convertible). Revalorizado más allá del $1.08 por chavo de los años 80. ¿Por qué penalizar al remitente y al remitido con esta artificial revaluación que, si le quitamos la ropa, no es más que un impuesto? Porque como les enseño a mis estudiantes de microeconomía, la gabela terminan pagándola aquellos para los que la remesa es más ineludible, y estos son los que las envían y las reciben: el pueblo cubano. Lo mismo ocurrió dos veces, meses atrás con los precios en las TRD (Tiendas de Recuperación de Divisas). En lenguaje económico: como esta fuente es mucho más inelástica, el peso de estos gravámenes cae fuertemente sobre los transferentes y transferidos. La devaluación del 18 por ciento del dólar se paga por amor (en inglés «unrequited transfers» en las cuentas de balance de pagos de los EE.UU.).

La libertad, el canto y el embargo

Cuando el filósofo empirista inglés John Locke, padre del contrato social, proclamo que los derechos inalienables del hombre eran la vida, la libertad y la propiedad, jamás pensó que serían la base de la Declaración de Independencia de las Colonias Americanas unos 70 años después de su muerte. Solo que en vez de la propiedad, sustituyeron la búsqueda de la felicidad. Estos derechos naturales (humanos) fueron la base de las declaraciones interamericanas y universales de los mismos, propuestas por Cuba, a través de sus representantes Ernesto Dihigo y Guy Pérez Cisneros (entre otros), y apoyadas fuertemente por Eleanor Roosevelt, al finalizar la Segunda Guerra Mundial. Es triste comprobar como es en Cuba donde mayormente se conculcan, en nuestro Hemisferio, estos principios básicos del derecho natural de las personas.

De las convenciones internacionales de derechos humanos que sucedieron a las declaraciones mencionadas anteriormente, Cuba no ha firmado las referentes al status de los refugiados, al de los derechos civiles y políticos, y al de los derechos económicos sociales y culturales. Los *Reportes sobre Desarrollo Humanos* del Programa de las Naciones Unidas para el Desarrollo, donde todo lo anterior queda expuesto, ofrecen estadísticas desgarrantes sobre la insensibilidad del gobierno cubano hacia los derechos naturales de sus ciudadanos. Basados en estadísticas nacionales, para el año 2001, esta publicación reporta una tasa de desnutrición del 20 por ciento en la Isla, con 25 por ciento de los jóvenes que no terminan el bachillerato.

Hace poco perdimos a Celia Cruz y a Compay Segundo. Ellos son testigos por antonomasia de que en Cuba no se puede ni cantar libremente. Tuvieron que exponer su arte en el exterior. La azucarada Celia desde muy temprano, después de ni siquiera recibir permiso para asistir al entierro de su madre en la Isla, a principios de la década de 1960. Y Compay, después de décadas de silencio enrollando tabaco y cortando pelo, por sus comparecencias, películas y grabaciones facilitadas por estadounidenses. A pesar de todas las restricciones libertarias, las remesas en especie más agradecidas por los cubanos, son los videos, cintas y compactos musicales (prohibidos) de Celia. La artista cubana más conocida en el mundo por todos los tiempos, recibió un reportaje obscuro sobre su deceso, en el único diario cubano, lo más escondido posible, mientras que el mundo entero lloraba su muerte en primera plana, después de largos e insólitos funerales en Miami y Nueva York.

Resultó cierta la canción que entonaba Fernando Albuerne desde Venezuela, el son se ha marchado de Cuba. Y nuestra querida Guarachera de Cuba, y antes de Oriente, solo pudo guarachar en un pequeño pedacito guantanamero de la Isla, donde priva la libertad americana en su base naval. Pero desde Suecia hasta la Argentina, pasando por Japón y regresando a Perú, a través de Chile y Australia, para quedarse un rato en España y retornar a Miami y Nueva York, Celia Cruz dio a conocer universalmente que la salsa era cubana.

En medio de la total podredumbre que existe en Cuba, es difícil de comprender como las empresas capitalistas le hacen el juego con desparpajo. Hace unos meses el *Wall Street Journal* (WSJ) reportaba en su primera plana, (en fecha patria del 20 de mayo), que la empresa naviera especializada en químicos líquidos, Stolt-Nielsen, constituyendo por pulgadas (uno por ciento) la segunda a nivel mundial en este giro, estaba siendo investigada en instancia criminal, como violadora de embargos y bloqueos. La noticia venía de Connecticut, y específicamente mencionaba que la firma, o sus empresas mixtas, traficaban con Irán, Sudan y Cuba. Y habían venido haciéndolo durante las últimas dos décadas, utilizando falsos documentos de carga, el uso de códigos para los puertos sujetos a embargo, etc. Toda la información provenía de la propia empresa y sus empleados. En esta ocasión la Oficina de Foreign Assets Control (OFAC) del Departamento de Tesoro de los Estados Unidos, traslado el caso al Departamento de Justicia. Generalmente la OFAC impone multas y establece acuerdos con los transgresores, sin darlos a la publicidad. Sólo en el año 2000 hubo 1,544 de estos casos, siendo 60 referidos a las salas criminales.

Los documentos muestran que en 1992 la empresa envió gasoil a Cienfuegos, usando el *nom-de-guerre* Port Charlie, y a Santiago de Cuba (Port Delta), en su barco nombrado Cóndor, regresando a Houston. El capitán de la nave, en sus comunicaciones a tierra, se olvidó de los códigos, siendo reprendido por sus jefes en Greenwich, Connecticut. Unos meses antes el *WSJ* había sugerido que Blockbuster tal vez estaba implicado en el contrabando de videos a Irak a través de Turquía, que se había descubierto hacia comienzos del nuevo milenio, a pesar del bloqueo entonces impuesto por las Naciones Unidas a Sadam Hussein. Nada, que a menos que la libre empresa se controle, terminara perdiendo sus grados de libertad.

El intríngulis del turismo

Hay turismo y hay turismo. Algunos se quedan y otros sólo se bajan. Generalmente los primeros vienen por avión, y los segundos por barco. Cada uno presenta sus ventajas e inconvenientes.

El turismo en el Caribe no ha avanzado desde el año 2000. Las temporadas invernales del 2001 y del 2002 fueron afectadas por el terrorismo y las guerras subsiguientes. El 2003 solo sirvió para volver al punto de origen. No se llamen a engaño con los aumentos porcentuales de la temporada de invierno del 2003. Cuando la disminución original es del 20 por ciento, sobre una base mayor, se necesita un aumento de 25 por ciento sobre una base menor, para regresar al punto de origen.

En términos de números de visitantes los lectores creo se sorprenderán al conocer el ordenamiento (ranking) de los destinos turísticos del Caribe. Claro está, sumando los de crucero, con los aéreos. Olvídense de las marinas que son insignificantes.

Las Bahamas son fáciles las primeras. Bastante más atrás vienen las Islas Vírgenes de Estados Unidos (EE.UU.), y cercano a estas Puerto Rico. Un hito más abajo sigue la República Dominicana. Un buen trecho detrás continúa Jamaica. Y finalmente Cuba.

Lo anterior está basado en datos suministrados por los propios países. Por ello de entrada sospecho de los cubanos, que parecen superar ampliamente a Aruba, que le sigue en la lista. Prueba reciente: en los últimos dos años y medio la Isla solo ha comprado alimentos a EE.UU. por $285 millones, según las estadísticas americanas. Los partes de la prensa cubana han anunciado casi $600 millones.

Para conocer el impacto del turismo sobre la población de los destinos caribeños, tenemos que expresarlo en términos per cápita. Si calculamos el número de turistas por habitante comprobamos que Cuba está en el lugar 14 (el ultimo) de los principales centros turísticos del Caribe, inclusive aceptando sus manidas estadísticas. Y esto trece años después que los desgobernantes de la Isla hubieren declarado al sector la gallina de los huevos de oro.

Otra faceta de este esfuerzo que le bloquea las posibilidades de cuartos de vivienda a los cubanos de a pie, es el ingreso de divisas que supuestamente le trae al régimen. Además de las estadísticas de número de visitantes, se manejan los ingresos turísticos totales. Por lo general, el gasto promedio por turista reportado en el Caribe, es algo inferior a los $1,000. La excepción es Cuba, que calcula cifras superiores a este nivel, aunque con tendencia descendente. ¿Nuevamente malabarismos contables? ¿O es que la Isla no sufre de un turismo barato? Para mí, otro intento de dorar la píldora del sufrimiento del pueblo cubano.

Volvamos a los dos tipos de turismo que mencionábamos al comienzo: los que se quedan y los que solo se bajan. Los primeros, en principio, reditúan más, pues ocupan cuartos de hotel, ingieren alimentos y bebidas, usan servicios, etc. ¿Pero cuántos de estos son gastos golondrina (que vienen y se van)? Cuba ha declarado, y tenemos que sospechar subestimado, el porcentaje de estos que implica una importación, en 78 por ciento. Y seguramente no incluyen aquí los gastos de la fabricación y habilitación de los hoteles y la otra infraestructura turística, con su alto contenido de equipo y energía importada, y daños ecológicos. Aunque el lavado de dinero del narcotráfico, envuelto en la exagerada construcción de cerca de 42,000 habitaciones hoteleras (Miami-Dade tiene 50,000 y casi nueve veces el número de turistas) disminuye el costo a los militares cubanos, dueños del 65 por ciento de las mismas, a final de cuentas el negocio turístico parece asemejarse a las cuentas del Gran Capitán. Considerando todo lo anterior, los cruceros contribuirían casi tanto como los paquetes turísticos de una semana a precios irrisorios, y en líneas aéreas extranjeras, que son el pan nuestro de cada día en la Isla.

Según el estudio revisado de la Comisión Económica para América Latina y el Caribe (CEPAL) en el año 2000, el turismo se considera la locomotora de la economía cubana a corto plazo.

Dado lo apuntado anteriormente, y a que representa solo el 8 por ciento de la economía de Cuba según los cepalinos, no en balde el tren sigue arrestado en el andén. Como escribiera en artículo anterior, la mayor justificación del turismo de enclave, en ciudades sol rodeadas de pedraplenes, característicos de la Isla, es el robo del 96 por ciento de los emolumentos de los 70,000 trabajadores del ramo, por medio de la cifarra gubernamental de cobrar en dólares y pagar en pesos.

¿Sin azúcar no hay país?

En el estalinismo castrista del comunismo cubano, contrario a toda adaptación, y menos a la reforma, las últimas noticias importantes de la Organización Mundial del Comercio (OMC) deben saber a verdolaga. Han condenado a Europa por sus amplios subsidios al azúcar. En el año 1959 Cuba controlaba (con las riendas amarradas) la tercera parte del comercio mundial del dulce, y si ello se hubiera mal que mantenido, estas serían tremendas noticias que producirían codazos de alegría. Hoy lo son para Brasil, que la suplantó en el rol de factótum del negocio azucarero. Todo parece indicar que la nueva Ronda de Doha se encamina por el mismo camino de reverdecer los laureles del negocio agrícola, coartando los bien subsidiados productos del agro europeos, japoneses y americanos (tan altos que hasta son grandes exportadores de estos rubros). Los países en vías de desarrollo parecen destinados a entrar gradualmente en el olimpo de un verdaderamente comercio neo-liberal (existente un siglo ha) de productos agrícolas.

¿Y de mi Cuba qué? Importando permisos para importar azúcar de los Estados Unidos (EE.UU.), como de todos los otros productos agrícolas. Ya han pedido permiso para traer más de $4,000 millones de EE.UU., pero esto es el aguaje que se reporta en la prensa. En realidad solo han importado alrededor de $500 millones desde finales del 2000. Aun así la Isla importa más alimentos que combustible de todas partes del mundo (valga el embargo).

La industria azucarera siempre represento el 25 por ciento al menos, del producto e ingreso nacionales de Cuba. Siempre fue una empresa agro-industrial con la explotación extenuante de los derivados, comenzando por las destilerías (ron), refinerías, mieles, papel, tablas, cartones, químicos, energía, abono, pienso...hasta llegar al guarapo. Nos trajo carreteras ferrocarriles y puertos por doquier, hasta el de Francisco-Guayabal (Benny

Moré). Y uno de los países más descentralizados del mundo, desperdigados sus centros de producción ampliamente por las seis provincias (en 100 de sus 169 municipios). Llegó a emplear hasta 500,000 trabajadores, y en sus bateyes se proveían servicios modernos de toda clase, pero fundamentalmente buena salud y educación.

Todo eso se desplomo definitivamente, después de un largo declive (a pesar de los inmensos subsidios del imperio soviético) el diez de abril del 2002. Más de la mitad de los 156 ingenios azucarero dejarían de producir azúcar. Más de 200,000 trabajadores serían reasignados o reentrenados. (Aun así Cuba reportó el año pasado la tasa de desempleo más baja del mundo). Según declaró Lage, esta visión vino directamente de Fidel. El mismo que sigue soñando con diminutas vacas productoras de leche para cada hogar cubano.

Ahora que los precios del azúcar se están recuperando, y prometen seguir por esta ruta (aunque ver para creer), los cubanos están produciendo escasamente dos millones de toneladas anuales. Si le restamos 700,000 toneladas de consumo interno, el resto produce ingresos de exportación de menos de $200 millones al año. A esto se ha llegado de las 7,600,000 toneladas del último año de subsidios rusos en 1991. Dado que la economía cubana siempre ha bailado al ritmo azucarero, esto implicó una contracción del 70% en su economía hasta el presente. Y en medio de una reestructuración, sería muy difícil prever que el sector azucarero tuviese la flexibilidad para aumentar su producción, especialmente dada la crónica ineficiencia de la planificación comunista, especialmente la cubana.

Para mantenerse en la cámara de oxígeno económica, la economía cubana requiere de las remesas, donaciones, turismo y otros pagos provenientes de los EE.UU., y de los negocios ilícitos. Estos han salido a la luz por los $3,900 millones que desaparecieron en cuentas numeradas suizas, provenientes de los excesos de dólares del régimen cubano. No debe sorprendernos. El año pasado se reportaba en primera plana del Wall Street Journal que Kim Jong-il de Corea del Norte, otro dictador dinosáurico y antediluviano como Castro, había amasado $5,000 millones por transacciones ilegitimas de todo tipo, en las compañías de su Hamada División 39, fundamentalmente provenientes de las drogas, la falsificación de dólares y el contrabando de armas. Para compensar la caída a bolina del azúcar, Cuba está cada vez más envuelta en estos trasiegos (inclusive blanqueo de dinero a través de remesas, comercio y finanzas). El estimado total de transacciones ilegales (incluyendo secuestros), la mayor parte de los cuales financian el terrorismo, aunque también a las guerrillas, los globafóbicos y los radicales, es de $1 trillón al año.

Socialismo o muerte:
Ciertamente valga la redundancia

Primera una definición y luego un juicio de valor. Por socialismo no estamos definiendo al democrático, sino el antidemocrático que conculca la libertad y la libre determinación política. Es decir, no nos referimos a la social democracia, al eurocomunismo, ni a la democracia cristiana (basada originalmente en la doctrina de la Iglesia Católica), sino al comunismo autocrático. Tengo una preferencia por las ideas expresadas últimamente en la Encíclica Centesimus Annus enunciada alrededor de un decenio atrás por el Papa Juan Pablo II. Para subrayar la diferencia, esta última nos pide ser subsidiarios, solidarios y caritativos, pero poniendo la libertad que nos trajo Jesucristo en primer plano. Por tanto, haciendo de estos tres objetivos el resultado de la libre expresión de la voluntad humana.

El socialismo despótico se basa en un postulado simple: los que logran y sustentan el poder saben más que los demás seres humanos. Por tanto, no los dejan elegir libremente. Como Orwell parodiaba en su granja de animales: todos son iguales, pero algunos son más iguales que los otros, y estos tienen que mandar sin consultar. A pesar de haber nacido del materialismo dialéctico, filosóficamente descendiente de la interpretación hegeliana de la historia, y del determinismo científico del siglo XIX (pre teoría cuántica), el socialismo autocrático comenzó por un idealismo, pero irrealista. No es el idealismo filosófico de Kant y sus seguidores, sino una doctrina que debe imponerse irremediablemente y a la fuerza. Por eso tantos pensadores políticos consideran tan peligrosos a estos supuestos idealistas, pues acaban produciendo en su nombre, las peores hecatombes humanas, y de paso devorando a sus propios hijos (e.g. Trotsky) cuando se vuelven sobre sí mismas.

¿Por qué para algunos este socialismo, aunque sea antidemocrático, tiene ciertos atractivos? Porque no lo hemos enterrado todavía. ¿Por qué los terroristas de Al Quaeda, los ex-barbudos de Fidel, los boinas rojas de Chávez, los baathistas de Siria y los imanes de Irán siguen campeando por sus respetos? Porque esperábamos que sus muertos enterraran a estos vivos, y no pueden.

Para enterrar definitivamente al socialismo dictatorial, que devora el más preciado bien humano de la libertad, hay que divulgar ampliamente la historia de sus crímenes. Empezando por los muertos del nacional-socialismo hitleriano y los gulags bolcheviques, siguiendo por las decenas de millones de muertos en el «gran salto hacia delante» y la revolución cultural de Mao, y terminando con los últimos atentados terroristas, más de 100 millones han perecido por estas causas. Cuando les digo esto a mis alumnos se quedan boquiabiertos; especialmente porque han oído a otros nueve de mis colegas guardar silencio absoluto, o contradecir estos hechos. Hasta que no tengamos conciencia de todos los crímenes que se han cometido en nombre de esta causa oprobiosa a los derechos humanos, no podrá haber un «después del socialismo». Por ello debemos publicitar todos estos desmanes, como las cuotas de asesinatos por regiones soviéticas de Stalin, y los campos asesinos de Pol Pot y su Khmer Rouge. Pero como predijo Solzhenitsyn: «No, nadie tendrá que dar respuesta alguna. Nadie será investigado».

Es prácticamente un hecho, y el secreto mejor guardado, que cuando el socialismo tiránico logra eliminar la propiedad privada y la economía de empresas y mercados libres, igualmente habrá cercenado las libertades individuales, políticas y religiosas. La prueba más cercana la tenemos a noventa millas, donde el castro-comunismo no ha ratificado tres convenciones básicas de las Naciones Unidas (ONU): la de derechos civiles y políticos; la de derechos sociales, económicos y culturales; y la de los derechos de los refugiados. Las otras que forman parte desde 1948 de los derechos humanos de las ONU, las habían refrendado los gobiernos democráticos cubanos.

El mejor ejemplo de lo que sucede cuando se elimina la propiedad privada está relacionado con el trabajo agrícola. Rusia era el granero de Europa, y un gran competidor en el mercado mundial de azúcar antes del comunismo. Después de la colectivización forzada campesina, solo supo de muerte, sufrimiento y escasez, y tuvo que recibir donaciones agrícolas e importar, todo lo que antes exportaba.

Reconocemos que esto es difícil por la agitación y propaganda de los grupos socialistas, y el contubernio de la mayoría de los intelectuales. Pero recientemente los inmensos logros de la libre empresa y las libertades individuales se han reconocido en los reportes anuales sobre desarrollo humano de la ONU. Y el principal inspirador de los mismos, el economista hindú Amartya Sen, curado de espantos por las hambrunas generadas por el socialismo en su patria, es un adalid de la libertad.

Existen historias de muchos esclavos afro-americanos, favoritos de sus dueños, que vivían muy bien, pero escaparon buscando la libertad, que ellos declaraban preferir más que la riqueza. Finalmente, para más información les recomiendo el libro de Stephan Courtois, et.al., *The Black Book of Communism: Crimes, Terror and Repression*, Harvard University Press, 1999.

Los recursos naturales y el desarrollo

Escribo estas cuartillas desde el centro del desarrollo petrolero y gasífero mexicano: el Estado de Tabasco. Su capital Villahermosa, me hace recordar a los tres Villalobos, porque yo tampoco soy bobo. Pero no hay que tener muchas luces para darse cuenta de que el oro negro, conocido a comienzos del siglo XIX como la maldición del diablo, no ha creado la riqueza esperada en esa zona. ¿Por qué diablos?

En mi conferencia magistral dictada en la Universidad Juárez Autónoma de Tabasco, apuntaba que un famoso economista americano, Jeffrey Sachs, considera el petroleo como una maldición. Y lo hace extensivo a los recursos naturales en general, y a la geografía tropical bajo cualquier circunstancia. Venezuela desde 1973 es un buen ejemplo.

Pero al volar de Houston a este idílico Estado, donde se concentra el 30 por ciento del agua mexicana, lo hice en un Embraer brasileño. Ciertamente Brasil ha desarrollado sus recursos naturales *pari passu* con su industria, y ha logrado un respetable crecimiento desarrollando sus exportaciones industriales casi al mismo paso que los de bienes primarios. Todo lo anterior ofrece lecciones importantes para la Cuba del futuro y el Tabasco del presente.

El tema no es nuevo en economía. Desde Adam Smith hasta los economistas regionales, la presunción fue que las materias primas podrían exportarse en valores crecientes, y trasmitir el crecimiento económico a los otros sectores de la economía. Pero varios especialistas en la disciplina del desarrollo económico surgida en la posguerra, pusieron en tela de juicio esta evaluación, dando reciente paso a economistas como Sachs. Los productos primarios, escribían ellos, no pueden convertirse en polos de crecimiento, porque sus encadenamientos con el resto de la economía son muy débiles, constituyendo enclaves sin eslabones con el resto de la región. Esto ha sucedido por ejemplo con los recursos energéticos en Bolivia y Ecuador y los niquelíferos en Cuba.

El premio Nobel de economía Douglass North medió en la disputa hace algunos lustros, y nos indicó las condiciones para una exitosa transferencia de los impulsos de las exportaciones primarias al resto de la economía. Primero, es necesario diversificar las productos primarios; segundo, hay que escoger exportaciones de materias primas que se caracterizan por eslabones significativos, hacia atrás y adelante, con los sectores secundarios y terciarios de la economía.

Más recientemente otros especialistas en comercio internacional han ampliado las condiciones anteriores a sectores primarios que propendan al mejor funcionamiento de los mercados nacionales de productos y factores de producción (trabajo, capital, etc.), al establecimiento de instituciones que apoyen el desarrollo, y al establecimiento de una base socio-cultural que promueva el desarrollo económico.

Para hacer posible, en términos de política económica, estos últimos conceptos, he desarrollado en varios de mis libros el concepto del valor retenido del gasto total. Esto se logra calculando el valor de la producción y la inversión que se mantiene dentro del país o el estado. Generalmente el instrumento más apropiado para este propósito es una tabla de relaciones intersectoriales de la economía en cuestión, incluyendo los sectores gubernamental y externo.

Pero el análisis no queda ahí. Hay que considerar como las relaciones inter-industriales son aprovechadas por los tomadores de decisión en el país o estado. Los productos primarios de exportación generan divisas o flujos monetarios al resto del país, contribuyen con una parte sustancial de los impuestos gubernamentales, generan sustanciales ganancias empresariales, compran grandes cantidades de materias primas e insumos, tecnologías y mano de obra y proveen productos que potencialmente son dados a una posterior elaboración. Todo esto queda plasmado en la referida matriz de insumo-producto. Si estas contribuciones son sub-utilizadas (como en el caso de Tabasco) o mal usadas (en los ejemplos de Cuba y Venezuela) la entidad económica sufre un fracaso. De todos los citados el factor determinante es el quehacer del gobierno con los cuantiosos ingresos fiscales que recibe de la explotación de los recursos naturales. Si la gestión gubernamental es ilustrada y se orienta hacia la formación de capital físico y humano, y el gasto al desarrollo económico y social, los países y estados progresan durante estos períodos, como Monterrey, Nuevo León en México, Sao Paulo en Brasil y Cuba antes de 1960. En caso contrario las vacas gordas del boom, se retrotraen a las vacas flacas ex - ante.

PARTE II:

AMÉRICA LATINA

México lindo y querido

La última vez que viajé a México presencié el fin de una dictablanda de partido; el tricolor Partido Revolucionario Institucional (PRI) perdió contra la Alianza Fox, fundamentalmente apoyada por el Partido de Acción Nacional (PAN). Habían sido 72 años de predominio, solo superado en el siglo XX por la dictadura comunista en la Unión Soviética (1917-1991). Sin embargo, los priistas (nada que ver con Prío) mantuvieron el control del Senado Federal, y determinaron que Vicente Fox no pudiera realizar un gobierno enérgico, como generalmente acostumbran a hacer los presidentes mexicanos, desde la residencia imperial azteca en Los Pinos. Hubieran podido presionar algo más el actual presidente de México y los panistas, de haber obtenido el control de la Cámara Baja en las elecciones del 6 de julio pasado. Pero eso no estaba escrito (*quod scripsit, scripsit*).

Por lo tanto, previendo lo que iba a ocurrir, me concentré en examinar el *quo vadis* de la economía mexicana. Supuestamente el crecimiento económico de ese país fue muy rápido durante la posguerra (1945-1976), hasta que comenzó a trabarse en un mar de importaciones, facilitado por el tipo de cambio fijo, tradicionalmente mantenido entonces en México, de 12.5 pesos (antiguos) por dólar. Aún recuerdo cuando presenté uno de mis primeros trabajos sobre niveles de precios, aprovechando una reunión de bancos centrales de este hemisferio, para 1973, en que apunté la sobrevaluación del peso, ante el horror de mis colegas mexicanos. Tres años después esta moneda se depreciaría en nuevos (miles de antiguos) pesos, para no volver jamás. Agotado el proceso de sustitución de importaciones a través de medidas arancelarias, cuotas y otras limitaciones cuantitativas, porque demandaba más divisas de las que ahorraba, México volteó sus ojos al petróleo.

Nadie creería que a comienzos del siglo XIX este poderoso producto era conocido como el «estiércol del diablo», mientras que el azúcar tenía el mote de «oro blanco». No en balde Cuba fue, según Hugh Thomas, la colonia más rica de aquellos tiempos. Hoy en día sabemos que el petróleo es oro negro, y ni digamos del azúcar. Como en una inspiración de Sor Juana Inés de la Cruz, México descubrió que podía exportar productos petrolíferos. Porque lo dejó de hacer después de la nacionalización de las empresas extranjeras (El Águila, Huasteca) en 1938, es todavía un misterio de la fe para mí.

Desde 1976 los mexicanos volvieron a depender prodigiosamente de sus producciones primarias como en antaño. Las exportaciones de petróleo resultaron billonarias, con picos en 1979-82, 1990-91 y 1999-2003. Pero lo más importante es su aporte fiscal. Los costos promedio del crudo mexicano (Maya, Istmo, Olmeca) oscila entre $2 y $3 por barril, y los precios son alrededor de diez veces más. Ganancias algo menores, pero aun pingues, se obtienen en las ventas internas, donde el monopolio PEMEX vende la gasolina más cara que aquí. Idem podemos decir de los amplios recursos gasíferos aliados al oro negro. Total: si sumamos todos los impuestos, derechos, afectaciones, etc., relacionadas con estos productos, nos encontramos con que ascienden al 40 por ciento de las recaudaciones fiscales

México ha sabido complementar esta fortaleza intrínseca de su economía con el ensamblaje industrial (maquila). En contraste con el petróleo, el gas y la energía, que se concentran grandemente en el Sur, las maquiladoras se establecen predominantemente en el Norte. Esta actividad genera exportaciones mayores de los $60,000 millones al año, y ha impulsado la exportación total de la nación, a niveles de alrededor de $160,000 millones, que están entre los mayores del mundo. Gracias a los productos energéticos, y a la industria de la maquila, la economía mexicana es actualmente la octava mayor del mundo, y la única latinoamericana miembro de la OCDE (el Club de los Ricos). Pero en contraste con el petróleo y sus derivados, y el gas, que dejan amplios márgenes para el pago a los recursos internos y al gobierno, la maquilación es exigua en estos valores agregados (o añadidos) que retiene el país.

Por ello casi a la mitad del sexenio de Fox, el debate mexicano se ha volcado sobre la cuestión económica. El TLCAN, vocablo que parece nahuatl, y significa Tratado de Libre Comercio de América del Norte, se ha puesto en cuestionamiento. El ser humano más rico de México (y Latinoamérica), Carlos Slim (cuya fortuna no equivale al vocablo ingles), en declaraciones públicas recientes, ha dicho que el modelo económico mexicano debe ser revisado. Al paso le han salido Fox y su Secretaria de Hacienda y Crédito Público, cuyo sub-secretario afirmó que su apellido era neoliberal.

Total, que la recta final hacia la meta de la próxima elección presidencial, promete ser apasionadora.

¿Nos anclamos en el ALCA?

La política comercial de las Américas responde esta pregunta en el 2004. Comienza por el ALCCA (CAFTA en inglés) entre Centroamérica (menos los ticos por ahora) y Estados Unidos. Y seguimos, si el Congreso estadounidense aprueba el anterior, con el resto de América Central, el Caribe y Sudamérica, con excepción del Mercosur y Venezuela.

¿Pero se plasmará un ALCA (Área de Libre Comercio de las Américas) desde la isla Ellesmere en Canadá hasta Tierra del Fuego en la Argentina? Representaría el mayor bloque comercial del mundo. Y las naciones latinoamericanas y caribeñas no tendrían que abandonar sus propios acuerdos regionales. Pero los Estados Unidos también fija sus metas en la Organización Mundial del Comercio (OMC) y la Ronda de Doha, que pretende liberalizar el intercambio global para el 2015, con especial atención en los productos agrícolas.

El ALCA operará igual de despacioso, promoviendo a paso de tortuga el abaratar los bienes importados para los consumidores, y expandir mercados para los exportadores, a lo largo y ancho de las Américas. De a poquito los países se especializarían en producir los bienes y servicios en los cuales son relativamente más eficientes, aumentando la productividad de sus recursos, y los ingresos nacionales. Igualmente aumentarían la inversión extranjera y el intercambio tecnológico. Como consecuencia mejorarían los salarios y niveles de vida en todos los países.

Los Estados Unidos representan el 80 por ciento de toda la actividad económica (producto interno bruto) del ALCA. Canadá y México suman otro 10 por ciento. El Mercosur alrededor del siete por ciento. Y el resto algo como el tres. Para Estados Unidos, después de restado sus dos socios en el Tratado de Libre Comercio de América del Norte (TLCAN), solo el ocho por ciento de sus exportaciones y el seis por ciento de las importaciones, involucran al resto de los países americanos. Pero algo parecido era su intercambio comercial con México antes del TLCAN, y en diez años se expandieron prácticamente un 70 por ciento. Para las restantes naciones del Hemisferio, progresivamente podrían acceder al mercado de Norteamérica, el mayor y más dinámico del mundo, con marcada tendencia desde mediados de los 1970, a importar más de lo que exporta, por la situación estadounidense.

Hay que recordar que los Estados Unidos hasta 1970, era un país cerrado que importaba solamente el cuatro por ciento de su producto interno bruto (PIB), y que nunca llegó a ratificar la Organización Internacional del Comercio propuesta en la Carta de la Habana en 1948, razón por la cual aquella había tenido que ser abortada. Recientemente sus importaciones constituyen el 12 por ciento de su PIB, y fue uno de los países promotores de la OMC en 1995.

En caso de la aprobación del ALCA, la ciudad favorita para acoger la sede de sus organizaciones, con sus aproximadamente 200 empleos directos, será Miami. Pero además, el acuerdo es tan comprensivo que se crearían trabajos paralelos en sectores como el bancario, el de transporte, el jurídico, etc. Seguramente habrá muchas disputas para dirimir en la sede de esta Secretaría. Entre ellas: las ayudas especiales a los países más pequeños y los asuntos agrícolas (la reducción de las cuotas y subsidios envueltos en este sector). Hay que enfatizar nuevamente lo central de este último tema, ya que el porcentaje del producto agrícola en el total es del siete por ciento en América Latina, y su participación en las exportaciones es mucho mayor. En los Estados Unidos es todo lo contrario.

Los otros puntos de discusión importantes también seguirán siendo tratados dentro de grupos de negociación durante el año que recién comienza. Los asuntos que se están cubriendo son los siguientes: la eliminación progresiva de barreras arancelarias y no arancelarias al comercio; la reglamentación de los impuestos y los controles al capital extranjero; la liberalización del comercio de servicios; la expansión de la competitividad de las compras y contratos gubernamentales a todas las empresas dentro del ALCA; el establecimiento de un tribunal de arbitraje, para resolver todo tipo de desavenencias; la fundamentación de las reglas sanitarias para los productos agrícolas, y de los subsidios aparentes y encubiertos a estos bienes; la protección a la propiedad intelectual, las patentes y marcas, etc., especialmente dentro del contexto del progreso tecnológico; la confrontación de las medidas perentorias de protección temporal, como anti-dumping, subsidios compensatorios, etc., que pudieran coartar el comercio normal; y la determinación de una política de competitividad para asegurar que no prevalezcan en el Área prácticas restrictivas al mercado. Todo esto se tendrá que decidir en forma consensual, transparente y total (no por partes).

Tremenda agenda les queda por delante, y después, el «sí» del Congreso de los Estados Unidos. Este no podrá modificar el ALCA directamente, pues sólo puede con su voto oponerlo o apoyarlo totalmente. Pero los cabilderos ya se han fijado que el Artículo 24 del GATT (que significa Acuerdo General de Aranceles y Comercio en inglés) permite la exclusión de ciertos sectores de los acuerdos de libre comercio, y están enfilando sus cañones. Por otro lado, esto facilitaría la aprobación del ALCA en su totalidad por los congresistas. Nada, que navegamos entre Esquila y Caribdes.

Petróleo y crecimiento en Venezuela

Los precios del petróleo y del gas han subido a niveles comparables a los existentes a raíz de la Guerra del Golfo en 1990-1991. Aun así, después de descontar la inflación, ellos se sitúan a la mitad de los prevalecientes en 1980. Comparado con los precios de un barril de leche ($186), o de agua embotellada ($216), y ni digamos perfume, el combustible está relativamente barato. Por ello, estos niveles de precio no detendrán la expansión económica de Estados Unidos, sino que la habrán de aminorar ligeramente.

¿Pero qué impacto tendrán sobre una economía petrolera como la de Venezuela?

Ya ese país ha acumulado $24,000 millones de reservas internacionales gracias al producto actualmente conocido como oro negro. Dos siglos atrás era el estiércol del diablo, y el azúcar el oro blanco. Los que tienen en su poder papeles venezolanos de deuda externa ascendentes a $21,000 millones al precio de mercado, deben sentirse satisfechos por semejante aval. Pero esto no significa crecimiento económico. La economía venezolana se contrajo casi 20 por ciento en el 2002 y el 2003, y para regresar a su punto de origen tendrá que matemáticamente crecer 25 por ciento.

La pregunta es aún más complicada. Jeffrey Sachs, profesor de economía de Columbia, ha propuesto recientemente que el petróleo y el gas, al igual que otros recursos naturales, constituyen una maldición que traba el desarrollo económico. Estos sectores primarios, se aduce, imponen distorsiones económicas y políticas que retrasan el crecimiento a largo plazo, aunque pudiesen hacer disparar rápidas expansiones en el corto. Si se examina la historia económica reciente, se puede concluir que muy pocos países con recursos energéticos, minerales y agrícolas abundantes, han crecido en términos económicos, más rápidamente que el típico país con escasos productos primarios de exportación (piensen en los tigres asiáticos).

¿Cómo se explican estos resultados? Generalmente una rápida expansión en la producción de petróleo trae aparejada un aumento en los precios internos del resto de los bienes y servicios. Como consecuencia, la competitividad de los otros sectores queda comprometida, y la nación no puede competir con productos importados, comprados con sus monedas fuertes, ni colocar sus encarecidos bienes de exportación en los mercados mundiales. Hace años, cuando la producción de energía en el Mar del Norte en Holanda trajo las mismas consecuencias, a este fenómeno se le dio el mote de «enfermedad holandesa».

Me permito discrepar con mi amigo Jeffrey y estoy en la buena compañía de la mayoría de los economistas clásicos y neoclásicos, y más recientemente los regionales, urbanos, canadienses e historiadores (como el Premio Nobel Douglass North). Todo depende de lo que aprovecha el gobierno las contribuciones de los recursos naturales, en el caso de Venezuela el petróleo.

Es cierto que de 1970 al 2002 el ingreso por habitante de Venezuela declinó un 25 por ciento. Pero la culpa no se la debemos achacar al petróleo, sino a los gobiernos, aunque no todos, que padeció el país durante esos más de seis lustros. Hubo también condiciones externas dominantes, como la crisis de la deuda externa, que llevó a la década perdida de los ochenta a prácticamente toda la América Latina.

Recién he terminado un nuevo libro sobre este tema, que se habrá de bautizar el 30 de octubre en el Barnes & Noble de Coral Gables a las 4 p.m. En el mismo sostengo que en el petróleo, como en la carne, el azúcar, el trigo, el café, el banano, el estaño, el cobre, el níquel, el turismo, la maquila, etc., la transmisión exitosa del crecimiento al resto de la economía, depende del aprovechamiento del valor retenido en el país de los ingresos, la inversión y la compra de insumos del recurso explotado. Venezuela tuvo gobiernos de 1936 a 1973 que contradicen la tesis de Sachs, y donde se aplicó la frase de Uslar Pietri: sembrar el petróleo. Chile ha hecho lo mismo más recientemente.

Lo que, por cierto, no está haciendo Chávez, que ha desnacionalizado a la industria, cuando cortó su personal a la mitad. Ahora algunas de la antiguas siete hermanas (Exxon-Mobil, Texaco-Chevron, Shell, BP) y otras compañías extranjeras, le están sacando las castañas del fuego a Venezuela, tratando de evitar la continuada disminución de las exportaciones de crudo y productos (de 2.9 millones de barriles diarios a 2.05), y la destrucción de la industria petroquímica. Y ni digamos de cómo se está deshaciendo el sector privado de la economía venezolana.

Los Estados Americanos: ¿Organizados?

Acabamos de ser testigos de la Asamblea General de la Organización de Estados Americanos (OEA) recientemente celebrada en el Sur de la Florida. Mucho ruido y pocas nueces. La OEA ya tiene competencia, al crearse una Secretaria de las Cumbres Iberoamericanas. Pero estando la misma en Madrid, no significa siquiera el ver los toros desde la barrera.

Para que haya verdaderas soluciones en los estados americanos, caribeños y latinoamericanos, es necesario emular el éxito económico de los canadienses y estadounidenses, que sostienen el presupuesto de la OEA. Ello implica un crecimiento sostenido durante una década, con los ritmos asiáticos del siete por ciento. Lo que duplicaría el producto y los ingresos de estas naciones, al fin del intervalo.

Esperemos que el comienzo haya sido el fin del año 2003. Porque en el 2004 Latinoamérica y el Caribe crecieron económicamente al cinco y medio por ciento. Para ello es un requisito que la economía mundial continúe expandiéndose más allá del cuatro por ciento al que lo hizo el año pasado. El comercio mundial, la clave del crecimiento económico de nuestros países, necesita crecer al menos un diez por ciento, un punto más de lo que consiguiera en el 2004.

Debemos enfatizar que estamos en una prometedora y singular fase en el desarrollo económico de Latinoamérica y el Caribe. Sería un crimen desaprovecharla. No solo los términos de intercambio entre exportaciones e importaciones se han tornado cada vez más positivos desde comienzos del 2003, sino que también el balance de pagos en cuenta corriente ha sido favorable y creciente. Esto significa que los precios de los productos exportables han aumentado más que los importados (10.5 por ciento versus 4.7 por ciento), y que la diferencia entre las ventas y las compras de los mismos, ha permitido financiar el pago de intereses y la repatriación de las ganancias de la inversión extranjera directa en la región. Como colofón, las remesas familiares desde Estados Unidos, Europa y Japón, contribuyeron con más de $35,000 millones como promedio en el 2003 y 2004, a los ingresos corrientes del balance de pagos. E increíblemente, lo anterior ha sucedido mientras ha habido una reversión en el flujo de capitales hacia estos países.

Esta halagüeña fase en las relaciones económicas internacionales de América Latina y el Caribe, ha estado acompañada de pragmáticas políticas económicas. Las medidas monetarias, fiscales y cambiarias de nuestras naciones, se han inspirado en un pragmatismo antes inusitado. Las tasas de interés dirigidas por los bancos centrales han, directa e indirectamente, combatido la inflación. Los tipos de cambio se han mantenido flexibles, incluso hacia el alza, para impedir aumentos desajustados en los precios internos, y no han existido cortapisas al movimiento de capitales. Los presupuestos se han mantenido balanceados, para facilitar la reducción de la deuda externa, y liberar recursos a los sectores privados.

Uno de los secretos mejor guardados, es que las economías latinoamericanas y caribeñas en su conjunto, superan a la China. Ahora solo resta el poner manos a la obra, canalizando los recursos de una exportación creciente, hacia las inversiones internas. Para que los organismos inter e ibero-americanos sean algo más que cajas de resonancia y pantallas, las economías de Latinoamérica y el Caribe tiene que aumentar significativamente su poderío económico.

El desempeño reciente de América Latina

Hace unos días me encontré entre mis papeles un artículo que había escrito hacia mediados de los 1990, comparando la actividad económica latinoamericana con la china. La pieza fue publicada en una de las revistas del Banco Central de ese país (estrictamente el Banco del Pueblo de la China). Desafortunadamente para su difusión, fue publicado en mandarín.

En los primeros años de esa década y los últimos de la anterior, la América Latina mostró un crecimiento económico muy alto, basado en una robusta inversión extranjera, y sus reformas económicas iniciales (privatización, desregulación, reformas fiscales y monetarias, y apertura de su comercio exterior). Pudo bandear la recesión económica americana de 1991-1992, pero sucumbió ante el efecto tequila de la crisis mexicana a partir de 1995. Se mantuvo postrada hasta comienzos del nuevo siglo, con los sucesivos golpes de las crisis asiática, rusa y brasilera, en ese orden, junta con la caída de la mayor parte de los precios de los productos primarios. Como colofón, fue afectada esta vez por la recesión de Estados Unidos centrada en el 2001, pero comenzó a reverdecer como el ave fénix, con el despegue de los precios de las materias primas y de la economía mundial a partir del 2003. Aún sin haber llevado a cabo propiamente las reformas económicas de segundo nivel (e.g. mercado de trabajo) que se habían propuesto a finales de la década de 1980.

En este nuevo período de alza, la América Latina ha reducido notablemente el peso de su deuda externa y aumentado grandemente sus reservas internacionales (con las notables excepciones de Argentina y Venezuela). Ello ha incluido el perdón de las obligaciones internacionales de sus países más pobres, como Haití, Nicaragua, y Bolivia, y notables reducciones en las tasas de interés. Como consecuencia los países latinoamericanos han estado importando, o produciendo localmente bajo franquicia, sustanciales montos de bienes de capital y servicios, para aplicarlos a su crecimiento y desarrollo económico interno. (No incluimos a Cuba en este análisis porque desde hace mucho, o tal vez siempre, no se ha comportado como un país latinoamericano). Empresas de bienes de capital como John Deere, o de servicios, como DHL Express (International), han mostrado expansiones notables en sus ventas a estos países. En adición el crédito interno se ha expandido sin provocar un alza de precios (nuevamente exceptuando los singulares fenómenos argentinos y venezolanos), y los presupuestos estatales se han mantenido fundamentalmente balanceados. Con las coordenadas macroeconómicas razonablemente ajustadas, las clases productivas han encontrado un fértil campo de cultivo para su crecimiento. Tanto así que en general las obligaciones (bonos) públicas y privadas se están flotando en moneda nacional en vez de la usuales monedas convertibles. Porque todo lo anterior ha promovido la estabilidad en los tipos (tasas) de cambio latinoamericanos.

La enorme liquidez crediticia internacional suscitada a partir del nuevo milenio, generó un alza substancial en la demanda de los principales productos de exportación de América Latina, y los términos de intercambio se invirtieron de los existentes en las últimas dos décadas del siglo precedente, para favorecer esta vez a los productos primarios. Desgraciadamente la fortaleza de sus signos monetarios facilitó la salida de capitales, especialmente en los países con mayores problemas, siendo Venezuela el caso más trágico, con salidas anuales promedio de más de $10,000 millones en los últimos años. Esto muestra que Latinoamérica aún tiene que llevar a cabo una serie de reformas de segundo nivel, porque la *verdadera* solidez de su desempeño económico no la muestran las estimados de sus productos internos brutos (PIB) que están sesgados hacia el alza, y así se difunden internacionalmente, sino el signo y la cuantía de sus movimientos de capital, de empresarios y de trabajadores. Mientras estos continúen siendo negativos, es señal de que hay algo podrido en la América Latina, y que esta crece mucho menos de lo que aparece. Especialmente cuando consideramos que el alza de los términos de intercambio internacional, que ha favorecido la reciente expansión, se está revirtiendo al caer recientemente los precios de las materias primas y los productos agrícolas, cuyos niveles estaban hasta hace poco, en un pináculo secular.

Pero de seguir creciendo la economía mundial, y continuar el flujo neto del capital internacional moviéndose hacia la región, más que compensando su fuga de capitales y el servicio de su deuda externa, quedara establecido el patrón de desarrollo histórico que ha conducido a la elevación del nivel de vida de los países en vías de desarrollo. Confiemos en que esto acontezca, y que los precios de los productos primarios vuelvan a impulsar las velas de las economías latinoamericanas.

Más sobre la economía latinoamericana

Un artículo anterior pudiera haber parecido pesimista...o muy realista. Pero acaba de llegar a mis manos una sentencia confirmatoria por parte del Banco Interamericano de Desarrollo (BID), en su publicación noticiosa intitulada *IDEA* (Ideas para el Desarrollo en las Américas). Refulgente en la primera página aparece el título: todo lo que brilla no es oro. Y la sentencia central de la misma, impresa en letras grandes, nos avisa; «al alzarse el velo de la bonanza externa, una sarta de vulnerabilidades aparecen».

El periodo en cuestión: 2003 al 2007. Estos años se caracterizaron par un fuerte crecimiento de la economía mundial, precios altos de los productos primarios y favorables condiciones financieras. Pero la mayoría de los economistas atribuyen las altas tasas de crecimiento de la región a las políticas económicas que se comenzaron a establecer desde la segunda mitad de los años 1980, y que se perfeccionaron desde comienzos de este milenio.

El análisis del BID toma como zona de referencia las siete mayores economías de la región, que la definen en su conjunto. Estas son: Argentina, Brasil, Chile, Colombia, México, Perú y Venezuela. Y examina el crecimiento económico del Grupo, junto con su política fiscal, la composición de su gasto público, el manejo de su deuda pública y su balance externo.

En este último quinquenio el crecimiento económico de estos países ha sido cercano al seis por ciento, fundamentado en un alza en la entrada de capitales extranjeros, el fortalecimiento de sus monedas, una subida en los precios de los bienes raíces y otros activos, y relativamente bajas tasas inflacionarias (alrededor del cinco por ciento).

Examinando las políticas públicas del Grupo, nos topamos primero con un superávit combinado de uno y medio por ciento del producto interno bruto (PIB) en el 2007. Lo anterior, combinado con la apreciación de sus monedas, ha reducido la deuda pública de estas naciones al 35 por ciento del PIB, al unísono con un énfasis en el alargamiento de los plazos de la misma.

En cuanto a sus políticas externas, el Grupo ha limitado la tradicional dependencia en los capitales extranjeros para financiar sus déficits en la cuenta corriente (balance de comercio) de su balance de pagos. En vez, estos cinco años se han caracterizado por un superávit en la balanza comercial de algo más del dos por ciento del PIB. Esto ha conllevado un aumento en sus reservas internacionales a un nivel de $400 billones.

Ante esta experiencia altamente positiva, los países del Grupo, con excepción de Argentina y Venezuela, han conseguido revaluaciones de los grados de sus bonos gubernamentales por parte de las agencias evaluadoras de Estados Unidos, a niveles que permiten que los mismos sean comprados por fondos de pensión y otras instituciones similares en todo el mundo.

Pero entonces ¿cuáles son los problemas? En síntesis, después de descontar la bonanza extrema de estos últimos cinco años, lo que resta en evidencia es una sarta de dificultades, resumidas en la conclusión de que los superávits fiscales y externos no son realmente tan grandes, ni el aumento del PIB tan alto. Comenzando por el tratamiento de choque: la América Latina como un todo no alcanzó, en su crecimiento económico, a ninguna región del mundo, ni siquiera a África.

Continuando con el psicoanálisis: el mejor desempeño económico del quinquenio parece deberse a factores externos, que no internos. Estos han sido el crecimiento de la economía mundial, los precios de los productos primarios y las condiciones financieras internacionales. En otras palabras: lo que fue extraordinario fueron las condiciones externas y no la expansión doméstica. Para toda Latinoamérica la tasa de crecimiento anual fue de 5.6 por ciento; pero si la situación externa hubiera sido representativa de la experiencia histórica (o normal) el ritmo de desarrollo solamente habría alcanzado el 3.8 por ciento por año.

Para confirmar los tratamientos anteriores consideremos los indicadores cruciales para un desarrollo económico sostenido: la inversión privada y la productividad. Esta última creció durante el quinquenio reciente a una tasa inferior a la que experimentara durante el anterior periodo de expansión (1991-1994), 2.5 versus 2.7 por ciento anuales, la más baja entre los países que emergen del subdesarrollo (desde 1990 la misma promedió menos del uno por ciento en América Latina). Y el proceso inversionista no superó al 12.5 por ciento del PIB si le restamos la inversión extranjera.

Reviven nuestros vecinos sureños

Recién terminan las deliberaciones del Banco Interamericano de Desarrollo (BID) en Lima, Perú, donde se proyectó el crecimiento económico de América Latina y el Caribe entre tres y medio y cuatro por ciento para el año en curso. El presidente del BID, Enrique Iglesias, muy sabiamente sugirió que nuestros países aprovechasen esta primavera económica para poner su casa en orden (economía viene de oikos, que es casa en griego). Tienen que subir los niveles de ahorro e inversión en el Sub-Hemisferio, para poder mantener este ritmo de crecimiento, y comenzar a paliar el creciente desempleo. En fin, no matar y comerse estas raudas vacas gordas que aparecieron por la subida de los precios de los productos minerales; alza generada por el crecimiento acelerado de las economías asiáticas; acicateadas por el resurgir económico estadounidense en la segunda mitad del 2003 (el más rápido en 20 años); y la caída del dólar.

Yo siempre digo que las economías rebotan. Y ello se explica porque las contracciones en el ciclo económico, como una bomba de neutrón, mata a la gente, pero deja a las estructuras en pie. Cuando viene la etapa de recuperación, todos los activos económicos están prácticamente intactos, y listos para contribuir a la pachanga alcista.

Verbigracia, Argentina tuvo una recesión del 10.8 por ciento en su producto interno bruto (PIB) en el 2002. Y una recuperación del 7.3 por ciento en el 2003, que continúa. Lo único que matemáticamente estos porcentajes no son equivalentes. *Exempli gratia* (e.g.), exagerado para su mejor comprensión: si nos reducimos de 100 a 50 (el 50 por ciento), para regresar al punto de origen tenemos que expandirnos de 50 a 100 (el 100 por ciento). Que por cierto, es el dilema que está enfrentando Rusia, y que Cubita bella tendrá que resolver en el futuro.

El balance positivo de comercio exterior (incluyendo solo bienes) de Latinoamérica y el Caribe fue de $ 41.000 millones en el año pasado. Esto redundó en el primer superávit en el balance externo en cuenta corriente (incluyendo servicios y pagos de factores de producción como intereses) en los últimos 50 años. Se espera que esto vuelva a suceder en el 2004, cuando los escasísimos recursos para la inversión, solo el 12.5 por ciento del PIB, van a complementarse con más de $40.000 millones de inversiones externas. Todo ello nuevamente auxiliado por la recuperación lenta, pero aplastante, del elefante estadounidense, que ha clavado las tasas de interés a los niveles más bajos desde hace 50 años. Y por ende ha hecho atractiva la inversión a más altos réditos en acciones y bonos latinoamericanos y caribeños. Aun con la baja de 300 puntos porcentuales (tres por ciento) en estas últimas tasas, en el 2003. La excepción son los bancos extranjeros (exceptuando los multilaterales como el BID) que continuarán recogiendo vela en el área. Pero no nos regocijemos exageradamente, en el recién terminado quinquenio, casi el cinco por ciento del PIB se fugó en salidas de capital de América Latina y el Caribe, aunque la hemorragia parece haberse contenido.

Brillando como un sol en este panorama de batea compuesta, aparecen las remesas de familiares, amistades y coadyuvantes, enviadas por los emigrantes latinoamericanos y caribeños, fundamentalmente desde los Estados Unidos. Nada más y nada menos que la friolera de $38,000 millones en el 2003 (incluidas, por cierto, en el lado del haber, en el balance exterior en cuenta corriente). Si le sumamos a todo el arco iris financiero recién descrito, los fondos compensatorios prestados por el Fondo Monetario Internacional ($22,000 millones), no en balde las reservas internacionales de nuestros países crecieron en $32,000 millones.

Razones necesarias, pero no suficientes, para lo anterior, han sido los manejos conservadores de las economías, inclusive en regímenes llamados socialistas (o «trabalhistas»). Las cuidadosas políticas monetarias y fiscales, y el aliado manejo de la deuda externa (y eterna) y las divisas, parecieran retrotraerse a la supuesta edad de piedra de principios del siglo XX, cuando varios países latinoamericanos y caribeños, estaban entre los más ricos del mundo en términos per cápita. La excepción que prueba la regla la ha constituido Venezuela. En general, la inflación mordió al cordobán en la región, aunque más que ella lo hicieron los salarios, que en términos de poder adquisitivo, han bajado en términos generales dentro de la región. Esta última tendencia se espera sea revertida en el año en curso, ayudada por disminuciones en los aumentos de precios, y el crecimiento del empleo. Nada, que han vuelto a la vida la América Latina y el Caribe.

El voto mexicano

¡Qué mejor lugar para observar y analizar la votación de México que en Tabasco! ¡Dos de los candidatos eran del patio! Andrés Manuel López Obrador (AMLO) nació próximo a Macuspana, cerca de Ciudad Pemex. Roberto Madrazo (RM) en la mera capital del Estado: Villahermosa. A AMLO lo apodan el peje, por el manjar de agua dulce de la zona: el pejelagarto (en Cuba llamado manjuar). RM es de una familia de gobernadores del estado de los olmecas-chocos, tanto su padre como él.

Sin embargo, según las encuestas, se consideraba que AMLO tenía como candidato más peligroso a Felipe Calderón (FC) del Partido Acción Nacional (PAN). El primero enfatizó en su campaña, un gobierno que privilegiara a los pobres; el segundo, la seguridad ciudadana y la economía. El escándalo que abrumó a AMLO por la compra de influencia (filmada) del negociante argentino Carlos Ahumada, y que casi le costó la impugnación, pasó al rastro del olvido. Inclusive ahora lo apodan sus correligionarios Andrés el Bueno. Una declaración del cuñado de FC, que estuvo involucrado en sobornos y mordidas que alcanzaron al candidato presidencial, llevó a sus adversarios a llamarle Felipillo. Tanto se acercaba el candidato del PRI (Partido de la Revolución Democrática) al triunfo, que su perenne aspirante presidencial, Cuauhtemoc (hijo de Lázaro Cárdenas), declaró días antes del evento que votaría por AMLO.

México cuenta con 103 millones de habitantes en el país, y alrededor de 30 en Estados Unidos (EE.UU.). Casi el 60 por ciento de los aproximadamente 71 millones de electores emitieron su voto (en el 2000 resultó el 64 por ciento). Por primera vez los del exterior podrían votar por correspondencia, pero solo algo más de 30,000 lo hicieron. Estas elecciones no solo fueron presidenciales, sino para 128 senadores de las 32 Entidades Federativas Mexicanas, y 500 de sus diputados. La importancia del poder legislativo es evidente, en haber mantenido maniatado a

Vicente Fox en su sexenio. Se espera que sea algo diferente en el que se inicie el primero de diciembre de este año, ya que desde 1997, en que el Partido Revolucionario Institucional (PRI) perdió su control por vez primera, la cámara baja estaba dividida prácticamente en tres porciones parecidas. Pero ahora el PAN pudiera conseguir mayoría con alianzas. Quienes descartan al PRI por haber además perdido la presidencia en el 2000, no consideran que domina 17 gubernaturas de la nación.

El manejo político de esta doceava economía mundial y primera latinoamericana (más o menos del mismo tamaño que la nuestra en la Florida) es de gran importancia para las Américas. México presenta estadísticas muy significativas. Las remesas recibidas crecientemente de los EE.UU., son ahora de $20,000 millones al año. Aunque difícil de estimar, los ingresos del narcotráfico, también provenientes fundamentalmente de este país, superan ampliamente los $5,000 millones al año. Más positivo es el dato de que el país exporta más de 700,000 vehículos anuales hacia el mercado estadounidense. Igualmente, sus niveles de inflación y tasas de interés están entre las más bajas del Hemisferio, y espera cerca de un 4.5 por ciento de crecimiento económico para la segunda parte del 2006. Sus zonas de maquila trabajan a todo tren, haciendo de la economía mexicana una de tipo industrial. Las exportaciones anuales se hallan cercanas a los $200,000 millones anuales, con una base energética muy fuerte, todo lo cual ha determinado que el país haya sanado su endeudamiento externo, reduciéndolo a niveles ínfimos. Los ingresos fiscales del petróleo, mayores del 50 por ciento del total, han llevado a la nación a superávits fiscales que también han reducido radicalmente su deuda interna. Finalmente, sus reservas internacionales casi llegan a los $80,000 millones, aproximándose a las que acumulan los EE.UU.

Por su manejo de una extremadamente participativa y cerrada contienda electoral, México se ha ganado nuevamente los galones de país avanzado, siendo uno de los 30 poderosos miembros de la Organización para la Cooperación Económica y el Desarrollo, más conocida por sus siglas en inglés: OECD. El

Instituto Federal Electoral (IFE) ha realizado su conteo de los votos, y ahora le queda al Tribunal Electoral del Poder Judicial de la Federación, el dirimir las disputas entre FC y AMLO, lo que tendrá que anunciarse hasta más tarde el siete de septiembre, el día antes del nacimiento de la Virgen María de Guadalupe y de la Caridad.

Pero la cordura demostrada por la nación en enfrentar las elecciones más reñidas de su historia, ha sido halagada por todas las instituciones internacionales, incluyendo las financieras, habiendo aumentado los valores del peso mexicano, y de su bolsa mercantil. Y aunque a estas alturas no sepamos el ganador de la contienda, si podemos afirmar que México ya ha ganado, por su proceso electoral apolítico e institucionalizado. La siguiente consigna que leí mientras volaba a este lindo país lo decía todo: «No hay camino hacia la Democracia... la Democracia es el camino».

Venezuela, el petróleo y la pobreza

Venezuela era un país pobre en 1910, cuando comenzó la exploración de petróleo en su subsuelo. Juan Vicente Gómez (JVG) era un cacique militar. Como comúnmente se dice, el país era su hacienda.

En diciembre de 1922, con la explosión del pozo Barroso 2, al Oriente del Lago Maracaibo, la Caribbean Development Corporation (Shell) deja sentado el potencial petrolero de Venezuela. Y su futuro desperdicio, ya que el geiser negro resulto incontrolable por más de dos semanas. Comienzan entonces los campamentos petroleros para su explotación, y todos los estragos a la producción agrícola-ganadera, y al medio ambiente. No sólo fue la prospección en sus tierras, que no los beneficiaría, porque el subsuelo era del estado (JVG y su camarilla), sino que los aperos de labranza que no podían utilizar, los abandonaron gustosos para convertirse en trabajadores petroleros. Al fin de cuentas, esto les proporcionaría vivienda, salud y educación, todo pagado por las compañías extranjeras, cuyas donaciones a la agricultura y la ganadería fueron a cuenta perdida.

Antes de 1930 las exportaciones petroleras ya habían superado ampliamente las tradicionales de café, cacao y pieles curtidas, las cuales seguirían languideciendo en el futuro. Las áreas del gobierno se abarrotaban de pagos por concesiones, regalías, derechos de exploración, de explotación, etc., y Caracas llenaba su Valle, mientras el Avila guardaba sus distancias, receloso. El Lago era la nueva frontera, y pronto se llenó de torres y arbolitos de extracción. Se desarrollaba la tecnología petrolífera acuática, mientras se entrenaban, estudiaban y preparaban los administradores y profesionales venezolanos que pronto operarían la industria para la Shell, Creole (Esso New Jersey) y la Mene Grande (Gulf). Las condiciones se consideraron propicias para refinar el petróleo en el país, y así aumentar la proporción de su valor final que era retenido en Venezuela, pero JVG se negó; en el fondo porque podría complicar su control absoluto del poder. Y así fue como las entonces Antillas Holandesas y Trinidad obtuvieron sus refinerías, beneficiándose al procesar el crudo venezolano.

Con la muerte de JVG esto, y mucho más, fue cambiando. Los generales que lo substituyeron al menos aceptaron la frase de Arturo Uslar Pietri de «sembrar el petróleo»'. Pero todo quedó en frase feliz. El fuerte crecimiento financiado por las ingentes producciones petroleras, solo se explayó hacia las zonas urbanas, la construcción, el gobierno y el comercio.

Pero el diablo cojuelo comenzaba a despertar, y la democracia finalmente llegó al poder, brevemente de 1945 a 1948, y definitivamente para 1958. Se encontró con grandes recaudaciones petroleras que hacían impensable el tener un impuesto a la renta. Un tipo de cambio sobrevaluado por el petróleo, que no permitía producir nada, porque importarlo era más barato. Y ni pensar en exportar, con los altos costos y precios venezolanos, que remedaban los petroleros. En síntesis, lo que se ha llamado la maldición del oro negro.

Los gobiernos democráticos que comenzaron en 1960 lideran la creación de la Organización de Productores y Exportadores de Petróleo (OPEP), cuando el país era casi tan importante en el sector como la Arabia Saudita. Promueven mayores valores agregados nacionales en el sector de hidrocarburos, y una mejor utilización de su contribución fiscal. Inician una devaluación que facilita el desarrollo industrial. Impulsan la inversión en otros recursos minerales y sus valores añadidos (especialmente en la Guayana). Llevan adelante una reforma agraria democrática. Y restringen el excesivo consumismo de la sociedad, y su voraz apetito importador. Atraen cuantiosas inversiones extranjeras, con las cuales pueden proponerse aumentar la producción petrolera eventualmente hasta cinco millones de barriles diarios (en la actualidad se producen bastante menos de dos).

La erupción de los precios del petróleo interrumpe este proceso, y la economía vuelve a depender de los petrobolívares desde 1973 en adelante. Se abandona la sustitución de importaciones, y caen en crisis las exportaciones no-tradicionales. El país se súper endeuda, y por primera vez en su historia ensaya inflación, control de cambios y devaluaciones en serie. Crecen el desempleo, la pobreza, la corrupción y el crimen; mientras que sufren la educación, la salud y los indicadores sociales.

Y como consecuencia entra en escena otro caudillo militar: Hugo Chávez (HC). Venezuela se va convirtiendo en su terruño, donde solo impera su visión y su voz. Dice querer aliviar la pobreza y el desempleo, pero los aumenta; porque su objetivo económico es un estreñido corte en la producción petrolífera, para tratar de inflar su precio. El resto de la economía se hunde en el mismo declive de la producción de hidrocarburos. El capital externo no llega y el interno se fuga. Lo único que se expande son los gastos alegres, corruptos y desorganizados del gobierno. Solo en el año 2005 la proporción de los mismos sobre el Producto Interno Bruto aumenta un cuatro por ciento.

Pero si JVG tenía delirios de control, HC los tiene de protagonismo mundial, que es más costoso. No solo regala sus nuevamente acuñados petrobolívares sin ton ni son, cumpliendo e incumpliendo compromisos simultáneamente (sugiriendo también una corrupción vertiginosa) sino que amenaza con remilitarizar a la América Latina con sus $5,700 millones en compra de armamentos. Y mientras tanto Venezuela está siendo afectada, en su potencial desarrollo económico sustentable, por la cuenta negativa de los recursos no renovables que está desperdiciando. Es decir: la inversión y el ahorro en el país son realmente negativos, y el producto interno bruto no se sostiene, sino que cae, después de restar la depreciación de sus recursos energéticos.

¡Pensar que a precios de hoy, los pagos que realizaron las compañías extranjeras, solamente por sus nuevas concesiones petroleras en 1957 y 1958, ascenderían a $9,000 millones! ¡Que distintas hubieron podido ser las cosas! Para Venezuela, que ha regresado a la pobreza, ya es hora.

El petróleo y el desarrollo agro-industrial

Los países petroleros, y especialmente las regiones donde se extrae este recurso, se caracterizan por la pobreza, y un alto nivel de desempleo. Esto podría parecer un non sequitur, pero esta tan afianzado en la teoría del desarrollo económico, que hoy inclusive vemos expertos de alto vuelo, como Jeffrey Sachs especialmente, que consideran el petróleo como una maldición. En el siglo XIX se le llamaba el excremento del diablo.

Cuando escribí mi primer libro sobre el petróleo y el desarrollo económico en Venezuela, a comienzos de la década de 1970, yo me afianzaba en la variable crítica del valor de la producción y la inversión del sector petrolero retenida en el país, como el elemento decisivo para determinar una transmisión de la expansión petrolera al resto del país.

Esto no comenzó a suceder en esta nación hasta 20 años después de iniciada la explotación en la industria de hidrocarburos. Por ello proferí, cuando me topé más tarde con la fama que había obtenido la llamada «enfermedad holandesa» que la misma debería haberse llamado la «enfermedad venezolana».

¿En qué consiste esta enfermedad y cómo podemos combatirla? En síntesis, la exportación de petróleo genera muchas divisas, y un tipo de cambio sobrevaluado, lo cual favorece la importación, y limita cualquier otra exportación. Al mismo tiempo el sector agro-industrial, que originalmente servía al mercado doméstico, se deshilvana por un efecto *de pinzas* entre los bajos precios de los productos importados, y los altos salarios que se esparcen a través de los sectores económicos imitativos de las condiciones laborales en el sector petrolero. Un efecto demoledor que caracteriza a la producción de hidrocarburos es que genera escasísimos empleos, y acarrea un alto coeficiente de importación de productos y servicios extranjeros, por unidad de producción.

¿Cómo quebrar este nudo gordiano? El sector gubernamental constituye el quid de la encrucijada. Como apuntaba en mi primer libro, y en los dos subsiguientes, el papel del gobierno es fundamental. Este recibe una parte preponderante del valor retenido del petróleo, y tiene que gastar estos recursos en una forma ilustrada e inteligente. Así lo hicieron los holandeses a partir de comienzos de los 1980, y los venezolanos desde 1930 hasta 1973. Generalmente esto consistió en una inversión pública en el desarrollo socio-económico del país (educación, infraestructura, tecnología e investigación), y un apoyo a la inversión privada en el resto de los sectores económicos.

En el caso de Venezuela y otros países, y lo que es más importante, regiones productoras de petróleo, ello involucraría la producción agro-industrial. ¿Pero cuáles actividades deben ser privilegiadas? Para determinarlo es imprescindible el utilizar una tabla de insumo-producto que muestre las relaciones intersectoriales de la economía en cuestión. Por supuesto, el eslabón inter-industrial más importante comienza con el sector petrolero en sí mismo. Sus encadenamientos hacia atrás, compras de productos intermedios y materias primas, y hacia delante, con el uso de los productos para fines industriales como la petroquímica. Pero no debe detenerse este examen en este primer paso. Habría que considerar los sectores agro-industriales que fueren más competitivos.

¿Cómo industrializarse con base en el petróleo?

Un alto personaje en Ecuador me aseveró a finales de los años 1960, que con el descubrimiento del petróleo Ecuador se convertiría en la proverbial Jauja. Cuarenta años después podemos comprobar que lejos de la verdad estaba. Ni le pasó por la mente uno de los problemas fundamentales de la producción de petróleo: los costos sociales netos.

Toda producción tiene que balancear ingresos con costos, incluso aquellos llamados sociales. El petróleo tiene altos componentes de estos últimos, por la contaminación que genera en las aguas, suelos y atmósfera. Esto afecta a las otras producciones, creando deseconomías o costos externos, lo que especialmente afectan a la agricultura, ganadería, pesca y silvicultura, que en los países en vías de desarrollo son los sectores más pobres de la sociedad. En la actualidad en América Latina pululan reclamaciones de hasta décadas atrás por estas depredaciones, las cuales están en manos de los tribunales de justicia. Lo curioso es que las empresas nacionales mineras, y sus gobiernos, son las menos proclives a aceptar estas responsabilidades provenientes de la explotación del petróleo, hulla, gas y otros recursos minerales como el cobre, manganeso y níquel (cuantos desconocen la depredación de Moa y sus zonas aledañas en la provincia oriental de Cuba).

Considerados y compensados estos costos dentro de las decisiones de producción de las empresas, hay que tomar en cuenta como el petróleo, el gas y el carbón pueden promover otras producciones que generen más empleo y trabajos más calificados. Las inversiones privadas y públicas se basan en descontar a valores presentes los ingresos y gastos de cualquier empresa. Pero siempre resultaría una ventaja el poder vender sus productos al gigante minero, nacional o extranjero, del país. Por ello una de las cosas más ilustradas del gobierno de Rómulo Betancourt en Venezuela, a comienzos de la década de 1960, fue el insistir que las Siete Hermanas (las más grandes empresas petroleras de entonces) compraran localmente los materiales y servicios que requerían para su producción. Políticas de desarrollo como estas pueden fortalecer los sectores manufactureros en base a los encadenamientos hacia atrás del petróleo, es decir de los insumos requeridos para la producción petrolera. Estas vinculaciones del petróleo a través de sus compras de materias primas y otros bienes intermedios, fortalecerían también a los sectores de construcción, servicios básicos (electricidad, agua, comunicaciones, desagües) inmobiliarios, mobiliarios, empresariales, profesionales, y de investigación y desarrollo. Hacia la primera parte de la década de 1960, cuando Venezuela producía 200,000 barriles de petróleo diario menos que hoy día, ya las compras locales ascendían a más de $3,000 millones anuales a precios del 2008.

A su vez los productos petroleros representan materias primas e insumos para una serie de actividades económicas más altas o adelantadas en las cadenas de producción, que nos llevan eventualmente a los demandantes finales (consumidores, inversionistas, gobierno). Estos encadenamientos hacia delante nos muestran un camino de desarrollo basado en este recurso natural. El eslabón más próximo es la refinación, y un poco más alejado, vendría la industria petroquímica, con plantas como las de formaldehido y urea, que conducen a los fertilizantes, y otros derivados que van en dirección a los plásticos. Igual que la caña de azúcar, los subproductos del petróleo siguen los desgloses de las reacciones de la química orgánica.

Los próximos eslabones del encadenamiento, a partir de los productos intermedios que usan intensivamente los recursos petrolíferos, son el aluminio y el acero. Aunque estas industrias no utilizan los derivados del petróleo directamente, la provisión de estos recursos energéticos como insumos a precios bajos, hacen competitivas las industrias alumínicas y aceríferas. Algo similar acontece con toda la industria de los materiales de construcción, comenzando con las cementeras, que son intensivas en el uso de la energía.

Desgraciadamente lo que ha estado aconteciendo en Venezuela en estos últimos diez años es exactamente lo opuesto. La industria de hidrocarburos se ha reducido, coma también sus engranajes hacia delante y atrás, y la nación depende cada vez más de las importaciones.

Además de todo lo anterior, los recursos fiscales que generan la industria del petróleo y sus derivados, donde ya los impuestos por regalías, exploración, explotación y excedentes representaban más del 90 por ciento de sus ganancias a mediados de los años 1960, son tan cuantiosos que se podrían establecer lo que hoy llamamos fondos soberanos de inversión. Estos permiten a los estados petroleros incursar en ramos industriales y de servicios más allá de los encadenamientos anteriormente mencionados. Como ejemplos de actividades posibles podemos examinar al Emirato de Abu Dhabi, que contiene el 90 por ciento de las reservas y producción de petróleo y gas de los Emiratos Árabes Unidos. Para combatir un desempleo del 13 por ciento, están considerando invertir sus fondos en desarrollar energías alternativas renovables no contaminantes, servicios aeroespaciales y turismo. Qué pena que, en vez, Venezuela ha utilizado los excedentes petroleros para la malversación y la corrupción.

¿La maquila aniquila?

El ciclo de alza de los metales y algunos productos agrícolas, ha insuflado la noción de que los países que basan su economía en los mismos, son los más ricos y poderosos. Las naciones que dependen de la industria y los servicios no parecen tener las mismas posibilidades, y menos aún aquellas que dependen de la actividad basada en el ensamblaje, las plantas gemelas, el procesamiento manufacturero para la exportación, las zonas francas, y un sinnúmero de actividades que los mexicanos han generalizado bajo el verbo maquilar (que realmente significa preparar para la venta).

Se olvida fácilmente que estas alzas son tan históricas como el libro del Éxodo, que nos cuenta como las vacas gordas fueron sucedidas por las vacas flacas, sin que los egipcios previeran que las bondades de los primeros siete años, se convertirían en las plagas de los próximos. Recientemente se olvida que el pico en los precios de las materias primas en la década de 1970, después de lo deprimidos que estuvieron en los 1960, dieron paso a una crecida armamentista (recuerden Las Malvinas) y a la crisis de la deuda en la subsiguiente década. Aunque no tan extendidas, no menos dramáticas fueron las crisis del tequila, que comenzó en México en 1994, y se extendió por Latinoamérica; y la del virus asiático en 1997, que afectó a Rusia en 1998, y seguidamente a Brasil, Argentina, y los países petroleros hasta el 2003, con el precio del barril de crudo desplomándose a menos de once dólares.

Los países en vías de desarrollo que enfatizaron los sectores industriales y de servicios, son los que terminaron sufriendo menos de estas crisis. Países grandes como la China y la India, intermedios como Chile y Taiwán, y pequeños como Singapur y Hong Kong, fueron los que quedaron mejor parados en estas últimas tres décadas. Hay dos tendencias económicas fundamentales que explican estos resultados. La primera es que a largo plazo, el gasto se derrama crecientemente sobre los bienes industriales y los servicios al consumidor. La segunda la constituye el hecho de que en el valor final de cualquier bien o producto, las materias primas constituyen un porcentaje pequeño, generalmente bien menor del 20 por ciento. Hasta en los productos petroleros: la refinación, mezcla, transporte, distribución del producto, y los impuestos, constituyen bastante más del cincuenta por ciento de su precio final.

En la América Latina los países que han comprendido estas verdades económicas generalmente han mostrado un crecimiento más sostenido. Estos han sido los que participaron en la Iniciativa del Caribe y los Tratados de Libre Comercio promovidos por los Estados Unidos (EE.UU.), es decir los países de la América Central, el Pacifico suramericano y el Caribe. Los mismos están involucrados en los procesos industriales de EE.UU. y Canadá, que producen el 26 por ciento del valor manufacturero del mundo (China representa un poco más del seis).

¿Pero qué futuro tiene esta maquila latinoamericana, y la próxima que estamos imaginando para Cuba? ¿Podrán competir con China e India? La experiencia de México es muy ilustrativa al respecto. Aunque este país sufrió una dramática caída en 1994-1995, ello se debió a un mal manejo macro-monetario, y no tuvo nada que ver con su comercio exterior. Lo más llamativo de la experiencia mexicana es que pasó de exportaciones de algo más de $50,000 millones anuales antes del Tratado de Libre Comercio de América del Norte, a un nivel de $200,000 millones por año en la actualidad. Es ilustrativo como Brasil, que se ha concentrado crecientemente en las materias primas, exhibe un valor de sus exportaciones que es menos de la mitad del mexicano, con una población de casi el doble.

La ventaja de los gigantes asiáticos se ha debido fundamentalmente al costo irrisorio de su mano de obra. Datos recientes muestran el salario industrial chino, incluyendo prestaciones sociales, en $0.72 por hora. El mexicano, el mayor entre los países centroamericanos, caribeños y andinos, es de $2.96 por hora. Pero lo anterior queda grandemente compensado por los altos costos de transporte desde Asia, y por las ventajas arancelarias implícitas en los tratados de libre comercio con EE.UU. Estos últimos favorecen la concentración de la maquila en los productos de alto a mediano valor agregado con una alta razón de peso a costo, en los que el transporte constituye una parte importante del precio final; en los que compiten en calidad y diseño; o en los que la protección de la propiedad intelectual es importante. Otra ventaja de concentrarse en las exportaciones industriales, es que permite defender más exitosamente los mercados domésticos de estos bienes, frente a las importaciones asiáticas, las cuales están arrasando los sectores manufactureros de los países que exportan fundamentalmente bienes primarios.

Todo esto arroja una importantísima lección para la Cuba del futuro, en términos de explorar y explotar una integración industrial (incluyendo el etanol) con su gran vecino del Norte, con cuya infraestructura de transporte siempre ha estado estrecha y cercanamente vinculada.

PARTE III:

LA ECONOMÍA AMERICANA

Más democracia, menos migración, y viceversa

Los emigrantes políticos son generados por regímenes opresivos de los derechos humanos. Estos desgobiernos coartan libertades que son ínsitas a las democracias participativas y pluralistas. Los opositores, y eventualmente en cierta proporción, refugiados de conciencia, constituyen la primera línea de defensa a los ataques hechos a los principios democráticos por regímenes dictatoriales, u otros encaminados a desembocar en este desenlace.

Estas minorías (o mayorías) cuyos derechos inalienables, según nos enseñaron hace siglos los estoicos y los escolásticos, constituyen leyes naturales, forman la base de una sociedad civil que se respeta a sí misma. Por esto ellas tendrán que constituir el germen a través del cual eventualmente se reconstituyan la libertad y la democracia implícitas en los valores judeocristianos. Los países receptores de los emigrados políticos, que irremediablemente tendrán que abandonar sus patrias, deben de constituir caldos de cultivo que refuercen las libertades políticas, sociales y económicas, para asegurar que eventualmente las mismas se vuelvan a implementar en sus naciones de origen. No es por casualidad que el país que mejor entronara los derechos universales del hombre, los Estados Unidos (EE.UU.), sea el foco de atracción de los que luchan por los mismos.

Después de casi dos siglos de regímenes dictatoriales, interrumpidos esporádicamente por gobiernos electos, la América Latina lleva solo dos décadas por senderos de fortalecimiento de los derechos civiles y políticos, base de la democracia. Los militares terminaron por retirarse a sus cuarteles. Sin embargo, otra parte de los derechos humanos, los sociales económicos y culturales, solo se han aplicado parcialmente. No se ha prestado atención debida a asegurar niveles mínimos de nutrición, salud, vestuario, vivienda y educación por parte de los gobiernos democráticos. Si los migrantes latinoamericanos estudian y experimentan las instituciones de los EE.UU., el poderoso imán y faro donde la gran mayoría prefiere resguardarse en exilios inevitables, encontrarán la fortaleza de un sistema que asegura los susodichos derechos. Y que al regresar a sus países de origen, deberían luchar por implantar.

A menos que se tome en serio en Latinoamérica la Convención que han firmado, como miembros de las Naciones Unidas, asegurando el respeto de los derechos sociales, económicos y culturales de sus pueblos, seguiremos teniendo brotes demagógicos antidemocráticos que nos conviertan en disidentes, y hasta en exilados. Con la democracia política sola no basta. Es necesario extenderla hasta la creación de una sociedad civil que plantee reclamos ineludibles contra la pobreza, la incultura y la lucha social. Solamente con la justicia, la libertad, la verdad y la caridad obtendremos la paz, como nos enseñó el Beato Juan XXIII en su Encíclica Pacem In Terris. Esto es, al final, la antítesis del lema anti-cristiano que desbarra la moneda de nuestra sufrida Cuba: patria o muerte. A pesar de que en 1959 trataron de confundir con los rosarios al cuello, cuando bajaron de la Sierra.

Pero los EE.UU. tienen una gran responsabilidad en preparar el caldo de cultivo que no solo facilite, sino que fortalezca, las expresiones de libertad y democracia entre los refugiados que llegan a sus playas. Deben de estar conscientes de que los mismos serán próximos e importantes factores de cambio cuando puedan reintegrarse a sus pueblos. Y que el exilio pudiera constituir la base económica de un futuro fortalecimiento de las economías de sus países de origen. Y no en la forma del envío de remesas, que solo representan tentempiés paliativos, sino amasando riquezas que podrán ser las bases de una inversión productiva cuando se produzca el regreso.

El caso cubano es alentador para el futuro de nuestro país, pero también un ejemplo para los otros pueblos latinoamericanos, cuyos defensores de la libertad y la democracia, encuentran refugio en los EE.UU. Los cubanos se han esforzado por obtener una solidez económica demostrada por niveles de graduación universitaria y de ingresos, superiores a los de los estadounidenses blancos, no hispanos. Esta riqueza monetaria y de capital humano, seguramente servirá para promover el flujo de inversión que permitirá el crecimiento económico futuro en Cuba. Y esperemos que no solo el rescate de las libertades civiles y políticas en la Isla, sino también el verdadero establecimiento de sus derechos económicos, sociales y culturales.

Otra vez la Señora Pobreza

Cada marzo el Buró del Censo de los Estados Unidos conduce un survey de las familias en los Estados Unidos (EE.UU.) para determinar el status de la pobreza en el país. Se incluyen los ingresos familiares de todo tipo, desde sueldos y salarios hasta la asistencia pública y social, pasando por intereses, dividendos y apoyos a madres e hijos por parte de cada separado y divorciado. Todos estos antes del pago de impuestos, y excluyendo el importe por los sellos alimentos y los subsidios a la vivienda. Estas encuestas determinan los límites de pobreza, siguiendo los cuales se determinarán nacionalmente las familias que habrán de recibir sellos del alimento, subsidios de vivienda, y que en vez de pagar el impuesto a los ingresos, recibirán subsidios federales. Estos límites constituyen indicadores estadísticos, y no una determinación de las necesidades básicas de las familias. Por ejemplo el Departamento Federal de Salud usa guías de pobreza distintas en sus programas de ayuda. Finalmente, no se aplica a individuos que habitan en dormitorios universitarios o que viven en campamentos militares, prisiones, asilos de ancianos u orfelinatos.

Explicamos en un artículo anterior, que estos estándares de pobreza se basan en estudios realizados por Mollie Orshansky, una economista de la Administración del Seguro Social. Ellos fueron publicados en el *Boletín del Seguro Social* en julio de 1963, bajo el título de *Hijos de los Pobres*. Sin embargo, su intención no fue la de establecer medidas generales de pobreza. Pero sus estudios originales fueron adoptados por la Ley de Oportunidades Económicas de 1964, tomando el nivel de bajo costo, intermedio entre los cuatro que ella había recomendado. Recomendaciones menores adoptadas en 1969 y en 1981 modificaron ligeramente los criterios originalmente establecidos.

La Dra. Orshansky basó sus cálculos en una ley económica y dos estudios estadísticos. La primera es la ley de Engel (no el comunista Engels), que establece que la proporción de gastos alimenticios de las familias esta inversamente relacionada con sus niveles de ingreso. Es decir, que los pobres gastan un porcentaje mayor de sus ingresos en comida que los ricos. Los segundos fueron las encuestas realizados por el Departamento de Agricultura (D.A.) y la Oficina de Estadísticas del Trabajo (BLS en inglés), respectivamente. Este último fue la encuesta de gastos al consumidor de 1960-61, la cual se realiza en los EE.UU. cada diez años. El anterior fue el survey de gastos alimenticios de las viviendas de cada decenio, siendo el último, realizado en 1955. Los mismos arrojaron que como *promedio*, las familias de tres o más personas, gastaban en comida entre el 25 y el 33 por ciento de sus ingresos después de pagar los impuestos. Se decidió que la información recabada por el D.A. era más confiable pues estaban basadas en un diario de compras semanales que tienen que llenar las familias, y no en estimados de memoria de lo que gastaron en la última semana.

Así fue como se estableció, para familias de tres o más personas, la famosa relación del presupuesto de costos bajos alimenticios, a los ingresos totales de la familia después del pago del impuesto a la renta, (Como explicamos en el artículo anterior, esto se ajusta por número de personas y edad). Si el costo de la comida es tanto, el ingreso correspondiente será tres veces lo anterior. Al ajustarse anualmente el gasto en alimentos por los aumentos en los precios de los mismos a los consumidores urbanos, esto nos da la base, que multiplicada por tres, constituirá el límite de la pobreza para el año en curso, ajustado por el impuesto a los ingresos (que a estos niveles tienden a cero). El talón de Aquiles de estos cálculos es que estamos suponiendo que la relación promedio de ingresos a alimentos (el multiplicador de tres) se aplica igualmente a las familias pobres.

¿Por qué no aplicar un presupuesto estándar para todos los expendios familiares, como vivienda, vestuario, gastos médicos, transporte, etc.? Porque ni en la época de Orshansky, ni en la actual, existen niveles generalmente aceptados como esenciales para estos otros rubros, que permitan conformar un presupuesto básico. Por eso, cuando a principio de la década de los setenta, hicimos estudios en Brookings para estimar la pobreza familiar (urbana) en Suramérica, nos preguntamos simplemente cuantas familias no tendrían presupuesto para cubrir los gastos de una dieta balanceada básica diseñada por expertos nutricionales.

Encontramos que era típico que en sus ciudades principales, algo más del 40 por ciento de las familias no podrían afrontar este costo mínimo de alimentación. Aunque las cosas han mejorado algo en 30 años, comparado con los niveles de pobreza que se anuncian en EE.UU., y que cubren no solo la comida sino todo el presupuesto familiar, no es de extrañar lo rugiente de la emigración suramericana.

Los negocios latinos en Estados Unidos

La tan anunciada década de los latinos no acaba de llegar... pero está más próxima. El ingreso disponible de los hispanos creció 29 por ciento del 2000 al 2003, y está muy cerca del trillón de dólares. Mientras que existen 27,000 compañías latinas con ingresos de al menos un millón de dólares.

Los datos demográficos proyectados son aún más halagüeños. La población latina está creciendo a una tasa del 2.9 por ciento, casi tres veces la correspondiente a todos los americanos, y el 34 por ciento de los hispanos son menores de 18 años, contrastando con el 23 por ciento para el resto de los estadounidenses. Así que el 14 por ciento que representamos actualmente de la población total, ira expandiéndose notablemente.

Pero concentrémonos en los negocios latinos en particular. Cada cinco años el Buró del Censo de los Estados Unidos (EE.UU.) realiza un censo sobre todo tipo de empresas en el país.

Incluye, por ejemplo, firmas manufactureras, de servicios, agrícolas, de construcción, etc.; al igual que referente a diversos grupos que componen la población y son empresarios, como mujeres, afro-americanos, asiáticos, hispanos etc. El último censo se condujo en el año 2002, pero no será publicado hasta el 2006 en lo que corresponde a los sub-grupos poblacionales. No nos queda más remedio, si queremos tener un conteo completo, que referirnos a los datos del 1997, cuyos resultados se tabularon y publicaron en el 2002.

Estos datos, aunque atrasados, son en parte sorprendentes. En 1997 existían 1.2 millones de empresas latinas... que tuvieron ventas de $186,000 millones ($186 billones). Aunque los porcentajes de crecimiento son acelerados, hay que considerar que cuando los números son pequeños estos tienden a exagerar su importancia. Pero aun así resulta impresionante que desde 1982 estas empresas se han quintuplicado. Pero no nos regocijemos demasiado. La venta promedio de las mismas en 1997 fue de solo $155,000.

Aunque muchas de estas compañías no cuentan con empleados, siendo cubiertas sus operaciones por sus propios dueños, y subcontratando, las mismas crearon casi 1.4 millones de trabajos en el año de referencia. Y aunque esto parezca poco comparado con los más de cien millones de trabajadores americanos en 1997, el crecimiento del empleo en las firmas latinas desde 1982 fue aproximadamente siete veces mayor que el del número de negocios. Pero por otro lado, solo se registraron 6.5 empleados promedio por empresa, lo que denota la pequeñez típica de las mismas.

Subclasificando estas compañías según las diferentes etnias, encontramos que existen cuatro nacionalidades originales que predominan en la creación empresarial. El más nutrido es el mexicano, que conforma el 39 por ciento del total de negocios, y el 40 de sus ventas. El segundo en importancia es el de los cubanos, con diez por ciento del total de firmas y el 14 por ciento de las ventas latinas. Los puertorriqueños representan a su vez el seis y el cuatro por ciento del total de negocios y de sus ventas respectivamente. Los españoles muestran porcentajes correspondientes al cinco y el nueve. Una buena parte del total se clasifica como latino-americanos en general, u otros que no se identificaron: 40 por ciento en el total de compañías, y el mucho menor 33 por ciento en los ingresos totales.

La mayor parte de estas empresas se concentran en el sector servicios (42 por ciento), lo cual se compagina con el bajo promedio de ingresos de las firmas latinas, y la media reducida de empleo que ellas generan. Los otros sectores de importancia son las ventas al detalle y el sector construcción, con 13 por ciento cada uno.

Aunque mucho se ha logrado en una década y media, debemos ponerlo en perspectiva para incentivar a los empresarios latinos en potencia. En 1997 existían casi 21 millones de empresas en los EE.UU., con ventas ascendientes a $18 trillones, lo que arroja un promedio de casi $900,000 por firma. Comparando estos guarismos con los presentados anteriormente, referentes a los negocios hispanos, encontramos que estos últimos solo representan el 5.8 por ciento del total, y en cuanto a las ventas, mucho menos: el uno por ciento. ¡La tajada latina en los negocios palidece cuando la comparamos con su participación demográfica! ¡Queda mucho por hacer!

Estados Unidos, México y China

En contraste con los países suramericanos México hoy día es, principalmente, un país exportador de manufacturas. Y el 90 por ciento de las mismas se dirigen al mercado americano. Pero esta situación está cada vez más soliviantada por el reto de la producción asiática, y especialmente de la China en el sector textil. Aunque es también por otras causas que las exportaciones industriales mexicanas se ven amenazadas.

La competencia de la China es más intensa en industrias intensivas en mano obra no calificada, cuyos productos tienen una alta relación de valor a pesaje que amortiguan los costos de transporte, y que son estandarizados y producidos en masa. Sin embargo el factor más importante en la erosión de las exportaciones manufactureras mexicanas es su dependencia de la manufactura de los Estados Unidos (EE.UU.).

La contracción del sector industrial de los EE.UU. a partir del año 2000 afectó grandemente a la manufactura mexicana, dado que el 80 por ciento de sus suministros al gigante del Norte son bienes intermedios y de capital. Pero la reciente recuperación de la industria americana se ha traducido en una recuperación de su contrapartida en México. Aun así las importaciones mexicanas hacia su recinto norteño aumentaron casi uno por ciento al año del 2001 al 2003, cuando el crecimiento americano se desaceleró notablemente. Ya para el 2004 se expandieron bien por encima del diez por ciento. Todo esto comprueba que el comercio entre los dos países ·es de tipo intra-industrial (también llamada maquila).

Para comprobar esto revisamos los principales rubros de exportación e importación en el comercio entre EE.UU. y México. De los quince principales, once de ellos aparecen como intercambios en ambas direcciones, confirmando el carácter intra-industrial de los mismos. Computadoras y productos electrónicos constituyeron las principales exportaciones americanas, y las segundas exportaciones mexicanas. Exactamente lo inverso es el intercambio de equipo de transporte. Algo similar sucede con el equipo eléctrico, artefactos del hogar y sus componentes (quinto y cuarto lugar respectivamente); los productos fabricados de metal (octavo y séptimo); los productos agrícolas (en noveno lugar en ambos casos); los productos metálicos primarios (el décimo y el onceno); y vestuario y accesorios (decimo-quinto y quinto).

Sin embargo, esta estrecha relación intra-industrial, que se ha multiplicado cinco veces desde 1990, está amenazada por el alza en los salarios reales (ajustados por la inflación) en México. E igualmente por el desplazamiento hacia productos asiáticos (minoritariamente chinos) de las importaciones intra-industriales mexicanas enviadas a los EE.UU. Insensibles a estos cambios han sido los productos que tienen que ser suministrados con rapidez (justo a tiempo), y los de un bajo valor unitario.

Es decir, las noticias del exterminio del intercambio méxico-americano a expensas del poderío industrial chino, como hubiera dicho Mark Twain, han resultado ser algo exageradas.

PARTE IV:

EL CONDADO MIAMI-DADE

Empleo y desempleo en Miami-Dade

El Condado de Miami-Dade es muy grande económicamente. Su PIB (Producto Interno Bruto) es mayor que el de 23 estados de la Unión Americana (EE.UU.) Pero por otro lado, su ingreso promedio por habitante es algo inferior al de la Florida, y bien menor que el de EE.UU. Adicionalmente, los niveles de precios en nuestro Condado son solamente superados dentro de la Florida por Palm Beach, Broward y Monroe, nuestros vecinos. Aun así, atraemos cerca de 40,000 inmigrantes cada año, la mayoría latinoamericanos, porque los $130 billones anuales que representa nuestro PIB, son solamente superados significativamente por Argentina, Brasil y México. Como consecuencia, somos la ciudad con la mayor proporción de residentes extranjeros en el mundo.

A pesar de que nuestro ingreso promedio es comparativamente bajo, el salario medio en Miami-Dade es relativamente alto. Aunque inferior a la media americana, es bien superior a la floridana, y el más alto, con excepción de Palm Beach, entre los 67 condados de la Florida. Pero esto se debe a que nuestros ingresos del trabajo son maniaco-depresivos (o bipolares). Vamos del extremo de muchas recompensas salariales por debajo del promedio de la Florida, a un grupo con sueldos e ingresos muy altos. Y por ello atraemos una inmigración comparativamente calificada.

Pero pasemos al desempleo. De todos los condados floridanos tenemos el mayor número, y prácticamente la mayor tasa de desempleados. En cuanto a la generación de empleos, nuestro desempeño es mediano (de 16 áreas metropolitanas grandes estamos en octavo lugar). Esto dentro de un estado que está entre los líderes en la creación de trabajos en la nación, y en el grupo de estados con las menores proporciones de personas que no consiguen empleo.

Desde comienzos del año 1990 las estadísticas del trabajo muestran que el desempleo en nuestro condado, ha sido significativamente mayor que el de la Florida. Consistentemente ha estado dos puntos porcentuales por arriba en los últimos quince años. Durante esta etapa, también se ha mostrado superior a la tasa de desempleo de EE.UU., que en los diez años recientes ha sido mayor que la de la Florida.

¿Es este un nuevo problema? Nos remontamos al año 1970, y encontramos que el desempleo en nuestro Condado siempre ha sido alto. Excepto durante el cuatrienio 1970-1973, en el que fue inferior al cinco por ciento. En las recesiones de entonces acá, generalmente hemos superado la tasa del diez por ciento.

Si nos remitimos a la creación de puestos de trabajo, con el atalaya ampliado hasta avizorar el año 1947, nos encontramos con tasas de empleo muy vigorosas en los primeros diez años. Después aminora de 1957 a 1965; recobrando fuerzas desde entonces hasta 1973. De ahí en adelante, con pocas excepciones, la generación anual de trabajos ha sido muy moderada.

Es evidente que nuestra economía condal tiene problemas estructurales, que no pueden resolverse con visiones triunfalistas y continuistas.

¿Cómo va nuestro condado?

Después de escribir muchas columnas mensuales sobre Cubita la bella, crucemos el charco para hacernos una introspección. En contraste con el desastre de los Castro en la isla, la amplia democracia que los cubanos presionaron por implantar en Miami (definido como el Condado Miami-Dade) ha traído un giro positivo de 180 grados. Cuando me establecí permanentemente en esta ciudad en diciembre de 1979 procedente de Washington D.C., el gobierno condal solo hablaba inglés. Gracias al Spanish American League Against Discrimination (SALAD), organización estrechamente ligada a la postura del Dr. Osvaldo Soto, se derogó la disposición «Solo Inglés» (*English Only*), permitiéndose el uso del español primero, y después haciéndolo compulsorio y extensivo al *creole* en los escritos y asuntos oficiales.

La representación política latina era cero mata cero. Todos los comisionados eran anglos. Primero se nombró de dedo a un cubano. Después se aprobó una enmienda, como consecuencia de demandas judiciales, para que cada comisionado representara a las diferentes regiones que conforman el Condado. Esta mayor democracia política amplió la libertad económica existente, fraguando una economía tan fuerte, que solamente las economías gigantes de la América Latina la superan. Mientras que a 90 millas la economía cubana se africanizaba.

¿Podemos mejorar una economía fundamentalmente movida por un comercio internacional que inexorablemente se dirige al nivel de $70,000 millones al año, y un turismo que en fecha no lejana llegara a los 15 millones de turistas amales? ¿No es hora de echarnos a dormir sobre nuestros laureles de libertad y democracia mientras mantenemos a flote a la isla de corcho con envíos de cerca de $3,500 millones en remesas, pagos y ayudas? ¿Debemos concentrarnos en la vanagloria de lo logrado por 2.5 millones de miamenses cuando el comercio internacional de los 11 millones de cubanos es solo el diez por ciento del nuestro? ¿Y su turismo un poco más de este porcentaje con el mismo número de cuartos de hotel? (Clara demostración de la ineficiencia y lavandería de los militares cubanos).

¡¡No!! La conjunción de democracia y libertad económica mundial que se está imponiendo por primera vez en la historia a partir de 1950, cada vez con un mayor número de repúblicas que la practican, reclama una continua superación. Por ello tenemos que enfrentar los problemas de Miami. Estos fueron analizados recientemente por Brookings Institution, la institución donde era Senior Fellow antes de aceptar una propuesta de FIU para dirigir su Departamento de Economía.

Nuestro primer problema es el nivel de ingresos familiares en nuestra ciudad, que es bien más bajo que el de los Estado Unidos como un todo, aunque ello en parte se compense por un menor costo de la vida. La segunda lacra que mancha nuestros logros según el susodicho estudio (*Growing the Middle Class*, 2004) es nuestro nivel de pobreza, que con el 18 por ciento es bastante más alto que el 12 por ciento nacional. La tercera deficiencia tiene que ver con el tamaño de la clase media económica en Miami, que no solo es inferior al porcentaje nacional (15 vs 20 por ciento), sino que se está comprimiendo. Siguiendo con la letanía, el informe nos dice que el nivel educacional de la ciudad es bajo, y como se desprende de lo anterior, su economía se caracteriza en parte por sus bajos sueldos y salarios. Y para terminar con lo más comentado por estos días, aunque ya era palpable en los años en que Brookings hiciera su investigación, el peso del alquiler de vivienda sobre el presupuesto familiar en nuestra ciudad, *era el más alto entre los cien mayores condados de la nación americana*. Como consecuencia, la clase media económica ha estado abandonando, abandona, y abandonara nuestro Condado a menos que se le ponga coto a esta situación.

¿Cuáles fueron las recomendaciones del citado estudio para paliar estos males? La reforma del sistema escolar de nuestra ciudad y el desarrollo de iniciativas económicas que hagan de Miami una economía dirigida a generar un mayor nivel de sueldos y salarios, acompañados de mejores prestaciones sociales.

En artículos próximos abundaré sobre esta serie por entregas. En el ínterim le dedico esta columna a la inapreciable patriota Raquel Regalado, recientemente fallecida, con la que frecuentemente discutía estos temas en sus programas radiales.

Más sobre el rumbo de Miami-Dade

Seguimos con el tema de cómo mejorar el panorama económico miamense, basándonos en el informe de Brookings Institution, la institución de políticas aplicadas (*think tank*) más antigua y de mayor reputación en el mundo, según varios estudios comparativos.

A corto plazo el problema más acucioso que tiene Miami es el de la vivienda. La media en el pago de alquiler es la número 50 entre los 100 mayores condados de Estados Unidos (E.E. U.U.). Pero como el ingreso mediano es muy bajo, la relación entre ambos nos sitúa como el de mayor presión de los gastos habitacionales sobre los ingresos, con el 47.1 por ciento de los hogares dedicando más del 30 por ciento a los mismos. Esta línea divisoria es la que indica si los alquileres pueden cubrirse sin representar un peso extraordinario sobre el presupuesto familiar. Y en el Condado se alquila el 42 por ciento de las unidades familiares. Los ingresos laborales son bajos porque el 80 por ciento de las empresas miamenses son bien pequeñas (de menos de diez trabajadores), un porcentaje bastante más alto que en el resto del país, y las mismas tienden a retribuir levemente a su mano de obra.

Los pagos hipotecarios son cónsonos con lo anterior, ya que entre los mayores condados americanos, Miami presenta la cuarta más alta presión de los mismos sobre los ingresos familiares. El 44 por ciento de los dueños de casas de nuestro Condado pagan por sus hipotecas más del 30 por ciento de sus ingresos familiares. Los tres condados peores que el nuestro están en la ciudad de Nueva York (Bronx, Queens, y Kings).

Más a largo plazo las preocupaciones se desplazan hacia los problemas educacionales. Para los E.E. U.U. como un todo el porcentaje de la población de 25 años hacia arriba que han terminado sus cuatro años de graduación universitaria constituye un 27.8 por ciento del total. Infelizmente, en Miami este guarismo es de solo el 21.7 por ciento. Esto sitúa a nuestro Condado en una posición muy desventajosa, ya que solamente 15 condados entre los 100 mayores, están por debajo del nivel miamense.

También hay que hacer un esfuerzo para que mejore la composición sectorial de la economía de la ciudad de Miami. Los sectores económicos de la misma se caracterizan por pagar comparativamente bajos salarios. En gran parte esto se debe al predominio del sector servicios en la economía condal, el cual se caracteriza por pagar sueldos y salarios más bajos. Estas actividades representaban el 52.9 por ciento del empleo total del condado, pero solamente el 43.2 por ciento de la nómina total. Ello implica retribuciones relativa y absolutamente bajas, y por ello el 30 por ciento de esta empleomanía presenta ingresos inferiores al nivel de pobreza.

Otros indicadores del meollo de la insuficiencia económica (relativa por supuesto) de los sueldos y salarios del Condado son: la posición relativamente baja de Miami en cuanto a su salario mediano, cuyo ordenamiento es solo superior a 23 otros grandes condados de la nación; y que la participación de sus empleados en la empresas pequeñas, que tienden a pagar menos, es el sexto más alto entre las susodichas entidades poblacionales.

Además, los miamenses están abandonando a Miami, aunque este éxodo está más que compensado con la inmigración fundamentalmente de cubanos y otros latinos. Examinemos quienes se van para Broward. El 62 por ciento de los mismos tenía ingresos superiores al de las familias medianas de Miami, y el 28 por ciento tenía al menos un título universitario de cuatro años. Un gran porcentaje de los mismos había arribado a las costas americanas antes de 1990. Es decir, estamos perdiendo los inmigrantes ya establecidos, que han cosechado un cierto éxito económico.

Finalmente, la dispersión del crecimiento urbano del condado conspira en contra de sus residentes pobres, porque los aísla de las oportunidades económicas. Esta descentralización causada por la fuerza centrífuga de nuestro urbanismo, es extrema cuando la comparamos con la norma nacional. Nuestra área metropolitana se expandió en 21.4 por ciento durante la década de 1990, cuando la experiencia del país como un todo fue del 13.2 por ciento. Para expresarlo en forma más dramática, en esos 10 años el 99.4 por ciento de nuestro crecimiento poblacional ocurrió fuera de los límites del centro de la ciudad.

Más problemas de Miami-Dade

Nuestra ciudad no solo se caracteriza por una extremada dispersión de sus viviendas, ya que el 94.8 por ciento de su crecimiento habitacional ocurrió fuera de sus cinco ciudades principales (Miami, Hialeah, Miami Beach, Kendall y North Miami). Esto también ocurre con el espacio de oficinas, caracterizado por su extrema descentralización. Solamente el 13 por ciento del mismo se ubica en el centro de negocios de la ciudad, mientras que dos terceras partes están establecidos en áreas de baja densidad, hacia los extremos del Condado.

Otro problema que nos aflige es que la población inmigrante, que es sustancial, al igual que aquella de bajos ingresos, carece de un acceso apropiado a las principales instituciones financieras. Muchas de estas personas no poseen cuentas bancarias, ya fueren corrientes o de ahorro. Este hecho los priva de tener acceso al crédito, y de establecer un mecanismo de ahorro. Como alternativa usan servicios financieros no convencionales, como los que transforman en efectivo sus emolumentos salariales los días de pago, o les canjean sus cheques personales por dinero, cobrándoles tasas onerosas por estas transacciones.

En adición, nuestros habitantes de menores ingresos, finalmente están más conscientes de que por los mismos reciben devoluciones del gobierno federal cuando declaran anualmente sus impuestos. Pero infelizmente los reclaman a través de agencias financieras agiotistas, que les cobran un alto porcentaje de sus beneficios fiscales a través de anticipos de estos fondos. En nuestra ciudad, el 29 por ciento de todos estos créditos fiscales fueron devueltos a través de estas agencias especializadas, representando el 35 por ciento de todos los fondos impositivos acreditados por el fisco localmente.

Miami-Dade es la ciudad con la proporción más alta del mundo de población nacida fuera del país donde se encuentra (52 por ciento). Pero resulta que este tipo de persona no mantiene conexiones bancarias tan fluidas como los nacidos en la nación. De estos últimos, solo el 18 por ciento no tienen cuentas bancarias, mientras que de los primeros, este porcentaje es casi el doble (32 por ciento). Esto no solamente contribuye a mayores riesgos de robos y extorsiones, sino que los hace menos dados a ser dueños de sus propias viviendas, por no saber cómo utilizar los créditos bancarios para sus compras. Pero tal vez nuestra prioridad máxima es el invertir en nuestras instituciones educativas. Y todo comienza por el alto y creciente costo de los cursos universitarios públicos. Cuatro años de estos estudios representan, descontada la ayuda financiera, el 62 por ciento de los ingresos de una familia promedio en la Florida. En los estados más atentos y preocupados por estas presiones, los gastos del cuatrienio de estudios en las universidades de sus estados, representan casi la mitad (32 por ciento).

La mayor parte de nuestros estudiantes son latinos, los cuales son menos propensos a ser alumnos de tiempo completo, dado que trabajan mientras que estudian, pues aportan a sus presupuestos familiares. Hay que incentivar y ayudar a estos estudiantes a que progresen más allá del título asociado de dos años, y completen su graduación de cuatro años. Una manera de hacerlo es mejorando el transporte público, ya que el 14 por ciento de los hogares en Miami-Dade carecen de un carro. Hay que improvisar con sistemas alternativos, porque en la actualidad, en las horas pico, los ómnibus pasan cada 70 minutos. También las agencias que se ocupan de la fuerza laboral podrían conectar mejor a los graduados con los puestos de trabajo.

Finalmente, es necesario que los hispanos y los afroamericanos sean propietarios de sus viviendas en más alta proporción. Estos grupos son propietarios de sus viviendas en nuestra comunidad a niveles más bajos que los promedios nacionales. Es imprescindible ayudar a estar minorías (en nuestro caso mayorías) a entender y enfrentar sus problemas crediticios a través de programas educativos. Y esto constituye un reto para los bancos de la comunidad, para que ofrezcan o mejoren estos servicios en los barrios donde se hallan ubicados, que en general cubren también las áreas pobres. Y estas políticas para aumentar el porcentaje de propietarios, deben estar aliadas al mejoramiento de las escuelas, al entrenamiento de la mano de obra y a la generación de empleos.

El impacto económico de los ciclones

La probabilidad de haber sufrido cuatro huracanes en un año en el Estado de la Florida rondaba por el uno por ciento, pero cualquier evento con probabilidades mayores de cero, puede ocurrir. Como estos ciclones tuvieron poco impacto sobre el Condado Miami-Dade, los lectores se preguntaran ¿por qué abordar el tema?

Las economías no son compartimentos estancos, y como el Titanic, una avería seria en un compartimento, puede poner en peligro a otros. Una ilustración directa la recibimos en junio 6 del 2003. Basado en los resultados del censo del 2000 la Oficina de Administración y Presupuesto del Gobierno Federal, redefinió la economía del área estadística metropolitana de Miami-Dade, para incluirla en una mayor, que incluye a Broward y Palm Beach, y que ahora se conoce curiosamente como Miami-Fort Lauderdale - Miami Beach. ¡Qué prueba más irrefutable que lo que paso en los dos condados al norte, nos afectó y afectará significativamente en el sur!

Esto no siempre fue así. Desde comienzos del siglo XX, cuando Cayo Hueso era la ciudad más rica y poblada de la Florida (no solo por el tabaco, sino porque abastecía a las naves de carbón, antes del Canal de Panamá), ya Miami constituía un enclave. Aun poco después, con el ferrocarril de Flagler, los costos de transporte favorecían la producción local. No fue hasta el desarrollo del sistema de carreteras «Uniform Standard», como la U.S.1, y el comienzo de la aviación en los 1930s, que Miami trazó un cordón umbilical con el resto de la nación y el estado. Con el sistema de carreteras interestatales de los años 50, y la desregulación del transporte aéreo, es que nuestra preeminencia como centro industrial se fue apagando. En un momento llego a ser el 33 por ciento de la industria del Estado, y ahora representa solo algo más del 10 por ciento.

Es decir, que el impacto de los cuatro ciclones, que estimo han traído perdidas por $40,000 millones, representando algo menos del siete y medio por ciento del producto interno bruto anual de la Florida, habrá de tener una consecuencia para la más sureña de las economías floridenses. Esta indeseable pérdida de capital en infraestructura, viviendas, escuelas, hospitales, almacenes, centros comerciales, fábricas, aeropuertos, material de transporte, etc., tendrá que ser repuesta en los próximos dos a tres años. Y aunque hubiera sido mejor evitarla, ello traerá una bonanza a la economía floridana, de la cual, gracias a Dios, no quedara excluido nuestro condado.

Y no podía llegar en mejor hora. En los últimos tres años el Condado de Miami-Dade ha estado generando menos de 10,000 empleos por año. Ha constituido, de las grandes áreas económicas de la Florida, la de peor desempeño en ese respecto, solo cercano a la ciudad de Jacksonville, en el extremo opuesto del Estado. Nuestra economía condal debería estar generando algo más de 20,000 trabajos anuales, para mantener estable su relativamente alta tasa de desempleo (6.6 por ciento). La reconstrucción post-ciclónica sin duda ayudará.

La Florida en su conjunto se beneficiará aún más, pues deberá reponer ese 7.5 por ciento perdido en dos o tres años. Ya nuestro estado era el que más empleo estaba generando en la nación, y entre los diez más poblados, el de la mayor tasa de expansión en su empleomanía. Su tasa de desempleo era comparativamente baja (4.5 por ciento) bien por debajo de la nacional (5.4 por ciento). La ingente tarea de reconstruir, a lo largo y ancho de la Florida, traerá aparejada una generación de empleos mayor de lo esperado, y una consecuente reducción del desempleo. Las compañías y trabajadores en Miami-Dade habrán de estar envueltos en este esfuerzo.

Tratemos de dar un orden de magnitud del boom, examinando la experiencia en Miami-Dade después del ciclón Andrew (que algunos folkloristas han llamado San Andrés). No existían estimados en esa época de nuestro producto interno bruto, así que habremos de referirnos a las estadísticas de empleo, que no reflejan enteramente el macrocosmos. El desempleo en el Condado fue de 10.5 por ciento en 1992 (11.6 en septiembre). En el año 1995 mostró un descenso al 7.4 por ciento. El número de empleos, que descendió en más de 7,000 plazas en 1992, aumentó más de 40,000 en los próximos tres años. El pico fue julio de 1994, con más de 50,000. Estos recientes huracanes tal vez no los llamaran santos, pero que nos traerán una expansión reconstructiva, con los irremediables aumentos de precios, es indiscutible.

Miami: El centro de las Américas

Finalmente se consolidó. El Gran Miami (Condado Miami-Dade) con su producto interno bruto de $100,000 millones, acaba de superar los $60,000 millones en exportaciones anuales de bienes y servicios a otros estados o naciones. Los únicos países latinoamericanos que superan ambas cifras son México y Brasil.

Analicemos las bases de este éxito. El Gran Miami se encuentra en una de las áreas urbanas mayores de los Estados Unidos (EEUU). Unido a los condados de Broward y Palm Beach, cuenta con casi cinco millones de habitantes en el área metropolitana. Pero no solo sirve a este mercado local, sino a conglomerados de un trillón: dólares de ingresos latinos en Estados Unidos, y otro trillón de dólares de las naciones latinoamericanas. Reflejando el interes en estos mercados, existen 464 compañías multinacionales en Miami, 56 por ciento de las cuales son extranjeras, y el resto estadounidenses. Estos negocios generan alrededor de 100,000 empleos, con más del 75% correspondiendo a las empresas de Estados Unidos. El número de estas empresas se está expandiendo a una tasa creciente, con la inversión extranjera directa en nuestra ciudad rondando por el trillón de dólares.

Miami es el centro empresarial de los latinos en Estados Unidos. De las ingresos totales por ventas de estas empresas en el mercado estadounidense, las dos terceras partes son generados en la Florida, *id est* Miami. Lo mismo podría decirse de las actividades exportadoras de estos negocios, los cuales están irremediablemente aún más concentrados en nuestra ciudad (cerca del 90 por ciento). Ello muestra que localizándose en el «Puente de las Américas», una compañía podrá derivar sus ingresos tanto de los mercados latinoamericanos hacia el Norte, como las que se encuentran al Sur.

El Condado Miami-Dade constituye un centro de comercio tan importante para las Estados Unidos, América del Sur y Central, y el Caribe, que entre 40 y 50 por ciento de este trasiego, se concentra en el Sur de la Florida. (El único país que difiere de este patrón es México, cuyo intercambio comercial se hace fundamentalmente por carretera.) A través de nuestros puertos y aeropuertos, se mueven alrededor de $9,000 millones de bienes intercambiados con Brasil, nuestro primer socio comercial. Un poco más de $4,000 millones de productos en ambas direcciones con la Republica Dominicana, que le sigue en orden de importancia. Y aunque parezca mentira, el intercambio venezolano asciende a casi $4,000 millones, no muy lejos de la segunda posición, y $18 millones por encima del cuarto lugar, que le corresponde a Colombia. Siguen en la lista, en la vecindad de las $3,200 millones anuales, Costa Rica, Honduras...y China. Es más, este último país ocupa el segundo lugar con respecto a las importaciones miamenses, solo superado por Brasil. Los últimos datos han sido gentilmente brindados por World City, de su banco de datos.

¿Cuáles son las exportaciones e importaciones principales de bienes según los datos de la fuente recién mencionada? Las exportaciones son fundamentalmente computadoras y sus componentes, aparatos de transmisión para teléfonos celulares, circuitos electrónicos integrados y componentes de aviones. Las importaciones principales son aviones, petróleo refinado y vestuario, con un contenido importante de maquila textilera. Cada uno de estos rubros son de al menos $2,000 millones al año.

Y no nos olvidemos de los 15 millones de participantes en negocios y turistas que visitan al Gran Miami cada año, aunque una minoría con destino hacia los Cayos y Cayo Hueso, o los Everglades. Se calcula que la mitad son latinoamericanos, y el 95 por ciento llega por aire, haciendo de nuestra ciudad la meca del turismo latinoamericano.

La vivienda y el transporte

Hace tres años el premio Nobel de economía se les concedió a los fundadores de la economía experimental. Sus experimentos mostraron como en todo tipo de mercado, las variaciones de precio producen un equilibrio entre las cantidades que los compradores desean, y las que los vendedores ofrecen; que la información en los billones de mercados es descentralizada y entremezclada; y que la intervención gubernamental generalmente impide las mejores soluciones ofrecidas por los mercados, aun cuando la información que tengan los participantes sea incompleta.

Todo lo anterior se aplica a los mercados de vivienda y de transporte, que están íntimamente ligados. Durante décadas el movimiento urbanizador desordenado hacia los confines de las barreras urbanas (las aguas) nos han traído como consecuencia sistemas de transporte congestionados (los lodos). En la Florida los 16 kilómetros de áreas costeras son como una especie en peligro de extinción, y de ahí que comienza a ser frecuente la alternativa de alta densidad poblacional que ofrecen los edificios de apartamentos. Pero las ciudades floridanas (y casi todas las americanas) cuentan con un sin número de áreas suburbanas que fungen como pequeños centros de población, y esparcen la actividad económica a través de un área amplia. Nos deshacemos entre fuerzas centrípetas y centrifugas.

En medio de todas estas tendencias, lo que todos se preguntan es: ¿explotara la burbuja inmobiliaria? Primero reconozcamos que no hay una sola burbuja que se forma por las presiones definidas arriba, sino muchas. Es decir, esta es completamente diferente a la burbuja de la *internet*, que se cotizaba prácticamente en un solo mercado mundial, y que se desinfló en marzo del 2000. Concentrémonos en lo que nos interesa aquí, en el terruño.

Solamente en la ciudad de Miami se estaban construyendo 14,134 unidades residenciales al hilo de finales de julio. Había otros 57,392 departamentos propuestos. ¿Y saben cuánto se construyó en toda la década de los noventa? Solo 9,152. Si la burbuja crece con todos los permisos de construcción solicitados, que se desinfla es seguro. Pero que explote depende de la realidad de los mercados que tratamos de describir con experimentos económicos. No creo que sea la debacle, basado en el análisis de las crisis miamenses similares en los setenta y ochenta. Pero en el sector de los condominios, aunque no en la vivienda en general, algunos tendrán que venderle a los «buitres», que ya están organizando fondos para la recompra de estas propiedades a precios de liquidación.

¿Y del transporte qué? El movimiento urbanístico desordenado conspira contra el transporte. Antes las ciudades americanas se organizaban alrededor de un centro citadino donde se concentraban las compras, los negocios y el empleo. Cuando esto predominaba (1920) los Estados Unidos lideraban al mundo en cuanto al transporte público. Estos medios, que generaron 23,000 millones de viajes en 1946, solo produjeron 9,000 millones en el 2003. Con amplios y baratos estacionamientos en los suburbios, y buenas calles, mientras la oferta de facilidades viales se expanda, ella creará su propia demanda. No en balde consumimos en nuestros transportes uno de cada ocho barriles de petróleo crudo que se produce en el mundo. De ahí la necesidad de incrementar los kilómetros, por cada galón que devoran nuestros automóviles, cuyos estándares de eficiencia se quedan cortos en dos terceras partes de los europeos y asiáticos. Y también expandir los pocos éxitos de sistemas públicos como el Tri-Rail y la Agencia de Tránsito de Metro-Dade (que ya transporta más de 300,000 usuarios por semana). Lo que nos lleva a terminar este articulo con una pregunta: ¿Y del medio y un centavos qué?

Sobre la vivienda

Este es el tema del momento. Pero pocos se detienen a considerarlo seriamente. Y se les escapan ciertas realidades definitorias. Consideremos algunas de estas, antes de que el globo se desinfle, violenta o suavemente.

La cantidad de habitantes por vivienda en Miami-Dade es prácticamente la mayor de todos los condados floridanos. El 20 por ciento de nuestras residencias se caracterizan por más de una persona por cuarto, el triple del porcentaje de la Florida como un todo. Más del 14 por ciento de las viviendas no cuentan con automóvil, igualmente el record del Estado. Y el porcentaje de residencias de tres o más cuartos es comparativamente el más bajo, con excepción del condado de Monroe, este último por el alto porcentaje de casas y apartamentos en los Cayos, que se usan fundamentalmente los fines de semana.

El valor mediano de las residencias en nuestro Condado, no es de los más altos de la Florida, pero el costo anual (impuestos, hipotecas, tarifas) para sus dueños si lo es. Les recuerdo que la mediana es el valor que divide la población en dos partes iguales: 50 por ciento por arriba y 50 por ciento por debajo. Sin embargo, los que alquilan sus casas y apartamentos en Miami-Dade, contrastando con los propietarios, pagan alquileres muy cercanos a la mediana floridana. Talvez por ello el porcentaje de viviendas ocupadas por su propio dueño es prácticamente el menor del Estado por nuestros lares miamenses. Y la tasa de desocupación de las viviendas de alquiler, el más bajo entre todos los condados.

Pasemos de las características de las residencias al movimiento del mercado inmobiliario. Las ventas totales de casas parecen ya estar perdiendo fuerza. Comparando enero del 2006 con el mismo mes del año anterior, las mismas han disminuido un nueve por ciento a nivel estatal. Prácticamente esta ha sido la experiencia en todas las áreas metropolitanas del estado. El declive en nuestra metrópolis miamense ha sido mayor: el 28 por ciento. ¡Pero arriba corazones! las otras dos regiones metropolitanas de la Costa Dorada, Fort Lauderdale y West Palm Beach, presentan descensos del 36 y el 39 por ciento respectivamente. Y aún mejores noticias, la mediana de precios de las casas vendidas subió el 21 por ciento a nivel estatal, 26 por ciento para Miami y 19 por ciento en Fort Lauderdale. El aumento de precios fue mucho menor en West Palm Beach (nueve por ciento). Pero en contraste, es allí donde el precio de venta mediano fue mayor: $393,700.

¿Y de los condominios qué? El cuartito esta igualito. Una baja en las ventas del 18 por ciento entre enero del 2005 y el mismo mes del 2006, para la Florida como un todo. En el Sureste del Estado el descenso de las ventas de este tipo de viviendas fue generalmente mayor. En West Palm Beach (32 por ciento), Fort Lauderdale (21 por ciento), pero menor en Miami-Dade (13 por ciento). Sin embargo, la mediana en el precio de venta de estas residencias subió un 12 por ciento a nivel estatal. Casi lo mismo aconteció en nuestro Condado (11 por ciento). Pero en Fort Lauderdale y West Palm las medianas de precios se dispararon en un 31 por ciento. Finalmente, a diferencia de las casas, el precio promedio de venta de los condominios fue mayor en Miami-Dade: $259,000

Lo que muestran las cifras anteriores es que existe un equilibrio de fuerzas entre la subida de precios, y la baja de las ventas. Hasta muy principios del año en curso la supuesta burbuja no se estaba desinflando en la Florida. Desde entonces las tasas de interés han subido 50 puntos porcentuales, y habría que ver el impacto que tendrá este aumento en los costos hipotecarios, en los meses venideros.

Pero a mediano y largo plazo, la situación que hemos descrito al comienzo de este artículo, sobre la vivienda en Miami-Dade, nos permite predecir que habrá una tendencia inexorable hacia el mejoramiento y aumento en el inventario residencial de nuestro Condado, que permitirá a un mayor porcentaje de sus residentes, el ser dueños de sus propias viviendas.

El escándalo de la Educación en Miami-Dade

Es cierto que es difícil. Con el 50.3 por ciento de la población del condado nacida en el extranjero (la más alta de los Estados Unidos) es un reto que se obtenga el nivel de educación deseado. Pero los desempeños que veremos a continuación son descacharrantes. Particularmente porque la educación de la persona es el factor principal de la determinación de sus niveles de ingreso. Más aún, son las diferencias educacionales de la educación las que fundamentalmente determinan la distribución del ingreso y la equidad en cualquier núcleo poblacional. Las desigualdades económicas no están determinadas por las ganancias del capital, los empresarios y los rentistas de la tierra y otros recursos naturales por un lado, y los trabajadores, sino por las enormes desproporciones en la retribución de sueldos y salarios a los distintos miembros del sector trabajo. Y en estos últimos el factor educacional es el determinante.

Pero entremos a los resultados educativos del Condado Miami-Dade. Existen dos fuentes de datos disponibles: el censo del año 2000 y una encuesta de hogares para el 2005. Aunque más lejanos en el tiempo, son más confiables los datos censales. Estos muestran que casi el 15 por ciento de las personas de 25 años o más en nuestro Condado, tiene una educación inferior al noveno grado. Muy cerca del 17 y medio por ciento adicional no terminan la escuela secundaria, aunque completan entre el grado 9 y el 12, sin graduarse.

El 22.3 por ciento se gradúa de la escuela secundaria (ya sea con un diploma, o a través del certificado especial que se ofrece a los que no terminan normalmente) y no ingresan a la educación superior. Estos niveles son extremadamente bajos cuando los comparamos con el resto de la Florida y los Estados Unidos en su totalidad. Aunque estos resultados mejoran en la encuesta del 2005, los cambios en esta última son tan dramáticos en solo cinco años, que nos inducen a ponerlos en tela de juicio.

¿Qué porcentajes acuden y terminan la educación superior? Los obtenemos por diferencia. Solo el 45.6 por ciento de la población de nuestro Condado acude a la universidad –claramente menos de la mitad. Si lo revertimos podemos afirmar que algo más de la mitad de nuestra población no acude a las aulas superiores. ¿Qué desempeño tan pobre para un sistema educacional tan costoso como el del Condado Miami-Dade?

Pero los responsables de las universidades locales no deben tampoco vanagloriarse. Del grupo de estudiantes que completan la secundaria e ingresan a los recintos universitarios, el último censo poblacional nos muestra que solamente el 21.6 por ciento terminan los cuatro años que les permite obtener una licenciatura (bachelor). El 6.3 por ciento completan solo dos años y obtienen el título de asociado (una invención americana) en alguna de las áreas del conocimiento. Pero entremos a los distintos sub-grupos de la población. Es tristísimo comprobar que el 19.6 por ciento de la población latina no terminó el noveno grado, casi cinco puntos porcentuales por arriba de las estudiantes condales en su totalidad. Y desde 1980 este porcentaje no ha cambiado mucho, en contraste con la década que comenzara en 1970.

En cuanto a los que terminan la secundaria, encontramos que 38.8 por ciento de los latinos no obtuvieron este diploma. Contrasten esto con las blancos no-hispánicos (incluyendo otras razas) cuyos integrantes no terminaban estos estudios solamente en el 11.1 por ciento de las casos. Inclusive los afro-americanos ofrecen mejores guarismos que los hispanos, resultando que el 36.7 por ciento de sus integrantes no obtenían el premio de graduación secundaria. Todo esto se obtiene de las estadísticas censadas en el 2000.

Vayamos a las tristes consecuencias. El último censo muestra que el ingreso mediano (el que divide a la población en dos partes iguales, 50 por ciento por arriba, y 50 por ciento por debajo) del Condado Miami-Dade fue de $42,162 al año. El de la Florida es bastante mayor: $45,500. Y el de la nación americana en su totalidad alcanza a $49,228 anuales. Estas estadísticas están deflactadas o ajustadas por los aumentos de precios entre el año 2000 y 2005, y debemos estar conscientes de que el ajuste las reduce a todas significativamente. Pero no las afecta en nada cuando las comparamos las unas con las otras. Y en las cifras comprobamos las consecuencias del bajo nivel educacional de nuestro Condado, y el fracaso del sistema escolar que nos ha condenado a este deprimente desempeño en las últimas dos décadas, ya que hasta 1979 teníamos niveles de ingreso por habitante superiores a la nación como un todo.

PARTE V:

MISCELÁNEOS

La mundialización y la pobreza

Desde la última posguerra mundial se han tejido medio siglo de relaciones económicas cada vez más estrechas entre las naciones y las regiones. Esta mundialización de la actividad económica sucedió después de la franca nacionalización económica que tuvo sus comienzos con el armisticio que detuvo la primera guerra mundial, hace casi noventa años. Este lapso en la expansión de la economía internacional, durante el cual el comercio entre los países y regiones se redujo en un 90 por ciento, constituyó una anomalía en la franca internacionalización de los últimos dos siglos. La época dorada esta expansión se centró en la etapa entre 1870, y el estallido de la primera conflagración mundial en 1914.

¿Pero qué consecuencias ha tenido este creciente contacto entre los pueblos para la pobreza y la estabilidad de los países y regiones más atrasadas? Comenzando por este último indicador, las más recientes investigaciones económicas muestran que los que se abren a un mayor intercambio comercial reducen su vulnerabilidad a las crisis monetarias y paralizaciones económicas, en contraste con aquellos que se abrazan al aislamiento y proteccionismo. Algo semejante sugieren las últimas investigaciones con respecto a la mundialización y la pobreza. Nos concentramos en esta conexión, que es la más debatida en la política internacional, especialmente por los manifestantes opuestos al Área de Libre Comercio de las Américas (ALCA), y la Ronda de Doha de la Organización Mundial del Comercio.

Un ejemplo ilustrativo, geográficamente cercano, muy debatido, y que conozco de primera mano, es el caso de las varias y diferentes regiones de México: las nordestinas y las sureñas. Aunque siempre hubo desigualdades económicas entre las mismas, cuando el país liberalizó su comercio a partir de 1985, un fenómeno irrefutable tuvo lugar. La tendencia que había existido anteriormente hacia la disminución de esta desigualdad económica regional se revertió, y comenzaron a ampliarse las mismas.

¿Cuál fue el poder que suscitó este «ábrete sésamo», que creo una cavernosa hendidura entre los estándares de vida de estos grupos de estados mexicanos? La franca apertura de las regiones norteñas al comercio y la inversión extranjera, estableció un claro contraste con la inexistencia de estas fuerzas hacia el sur del país. Lo mismo se puede afirmar con respecto a los impactos del Tratado de Libre Comercio de América del Norte (TLCAN), (más conocido como NAFTA, sus siglas en ingles) que empezó en 1994. Las industrias orientadas hacia la exportación de los estados del norte, atrajeron un sinnúmero de inversionistas extranjeros; mientras que estos fenómenos brillaron por su ausencia en los del sur. Los muchos economistas que han estudiado este fenómeno han concluido que estos estados mexicanos se han quedado atrás por no haber participado efectivamente en la mundialización económica que ha estado ocurriendo en forma creciente en estas últimas décadas.

Para dar una idea de lo radical de la apertura económica de México, baste citar que en 1980 su comercio internacional representaba el 11 por ciento del producto interno bruto del país (solo algo superior al de Argentina entonces). A la altura del 2002, esta relación se había expandido al 32 por ciento (superando ligeramente a la de Australia). Adicionalmente el país llevó adelante procesos de privatización, desregulación y reforma del sistema de tenencia de tierras. Pero estas medidas deberían haber favorecido más al sur de la nación, cuyos estados están menos sindicalizados, y tienen una mayor participación agraria en su producción. Y ello no ha ocurrido.

Por todo esto el gobierno federal mexicano ha impulsado fuertemente en estos últimos años el plan Puebla-Panamá, para ligar su región sureña con los recientes participantes del TLCAN: los países de América Central. De esta forma se combatirían las disminuciones salariales, y los crecientes niveles de pobreza en los estados sureños, consecuencia de su incapacidad para atraer inversiones extranjeras, y aumentar sus exportaciones.

La economía y la peligrosidad

Según las estadísticas del Banco Mundial, el Ingreso Nacional Bruto (INB) de la mayoría de las naciones latinoamericanas se encuentra por debajo de los $100,000 millones al año. El ingreso nacional descuenta la parte de los pagos al capital que corresponden a la inversión extranjera, pero no son propios del país donde se generan las ganancias. Incluye el pago a todos los demás factores de la producción que por lo general son de la nación que genera el INB: trabajo, recursos naturales y empresariado. Solo México, Brasil y Argentina, en ese orden, superan esa marca. Esta medida representa una buena indicación de cuan envuelto está el capital extranjero en América Latina, a pesar de todo lo que se comenta.

Pero aún más sorprendente resulta el conocer que la economía de la ciudad condal de Miami, tiene un INB que supera los $105,000 millones anuales. Y una de las razones fundamentales, con una población tan exigua en comparación con algunos gigantes panamericanos, es que su desempleo ha estado bien por debajo del cinco por ciento en los últimos años; mientras que en América Latina, contando el desempleo disfrazado por la baja productividad, la estacionalidad y la parcialidad en el tiempo, es por lo general mayor que el 20 por ciento.

¡Quién pudiera creer que la población de esta ciudad-estado (su economía es mayor que 23 estados de la Unión Americana) es 61% latina! ¡En que parte del mundo las familias latinas logran ingresos promedios anuales cerca de los $50,000 al año! Los cubanos no se cansan de enorgullecerse de los logros de Miami que políticamente dominan, en realidad la única ciudad grande de Estados Unidos (EE.UU.) con estas características. De la población general los cubanos y sus descendientes recientes constituyen el cuarenta por ciento de la población del condado. Suponiendo que su participación en el INB fuera conmensurable con su participación en la población, tendríamos que considerar que el millón de cubanos miamenses tienen un INB algo mayor que $42,000 millones anuales. Qué triste el comparar esto con los $5,000 millones al año en que consiste, el INB de los alrededor de 11 millones de cubanos en el presidio castrista.

Estos cálculos nos deben también calmar los nervios sobre lo que pueden conseguir países como Venezuela e Irán. ¡Solamente prácticas económicas terroristas! Porque como decimos los cubanos: ¿Con qué se sienta la cucaracha? Irán, que es mucho mayor económicamente que Venezuela, tiene un INB menor que el de la Argentina, y que ronda les $150,000 millones anuales. Con una población casi el doble de la argentina. Total: INB por habitante de $2,000 al año en Irán. Ni hablemos de los otros países pequeños pertenecientes al ALBA. Comprendan que en los EE.UU. el ingreso nacional bruto supera a los $11,000,000 millones ($11 trillones al año). ¿Qué pulga puede penetrar esta amplia masa de músculo? Pero no nos durmamos sobre los laureles, porque la peste bubónica fue transmitida por tan diminuto animal. Y sabemos que los dictadores, a costa de reducir el nivel de vida de la población, pueden concentrar sus escasos recursos en tratar de transmitirnos la plaga de la pobreza.

La Unión Soviética mantuvo en jaque al mundo democrático con la concentración del ingreso nacional en los armamentos, mientras los soviéticos vivían en la más absoluta pobreza. Por eso el terrorismo de una serie de economías minúsculas no debe de dejarnos de preocupar. ¡Pero no sobresaltar! Hay que combatirlos en sus propios países fomentando las armas de la libertad, los derechos civiles y políticos, la libertad de expresión, reunión y asociación, y los derechos de propiedad y libre empresa. Todo ello irá soliviantando a estas dictaduras, para que respeten el Poder Judicial y el Legislativo, y para que regresen a las normas de la ley natural, o sino que eventualmente se conviertan en claramente impopulares y tengan que hacer mutis.

Tomemos el caso más peligroso, ya que todavía detenta un arsenal nuclear: Rusia. Con un INB menor que el de Holanda, y casi menos de la mitad del de México ¿que podríamos temer de esta Federación? Especialmente si Putin deja el gobierno como ha anunciado, y la democracia continúa despertando para impedir que otro miembro de los servicios de inteligencia lo suceda. Pero como en la película de Peter Sellers, *El Ratón que Rugió*, Rusia siempre puede simpatizar y ayudar a Irán y Venezuela, e indirectamente apoyar al terrorismo. O amenazar a Europa con cortar sus suministros de gas y petróleo. Sin embargo, si los ciudadanos rusos reclaman una vida mejor, en vez de consolarse con posiciones desestabilizadoras de la paz mundial, el país tendrá una vida económica más saludable, en vez de un protagonismo mundial enfermizo. Y si este sayal le sirve a Rusia, que se lo prueben las minúsculas economías de Irán y Venezuela.

Carlos Castañeda y sus anécdotas

Siempre me acordaré de las anécdotas de Carlitos. Difícilmente pasaban cinco minutos de conversadera (que en el dialecto cubano es una conversación sabrosa) sin que nos regalara una anécdota. La que más se me quedó grabada fue la que desembocó en el comentario de un líder del Consejo Revolucionario Democrático, pocas semanas antes de la invasión de Playa Girón (el otro nombre no me lo puedo tragar). Carlos lo imprecaba sobre todas las dificultades de precisar la participación americana, a lo que el personaje, explicando su confianza, contesto: «Macaco viejo no sube a tronco podrido». Después vino el fracaso que todos conocemos.

Me encantaba asistir a las conversaciones de Carlitos con mi tío Justo Carrillo, también desaparecido, y que tenía sus mismas inquietudes con respecto a la Invasión, a pesar de ser uno de los líderes del Consejo. Los dos eran anecdotólogos. Y estas volaban a diestra y siniestra, mientras yo gozaba en el medio. Estas dos almas afines, estoy convencido siguen comunicándose espiritualmente en el otro mundo.

Además de su cimero profesionalismo periodístico, Carlitos era un cubano reyoyo de verdad. Esa afabilidad quedó demostrada cuando fue el primero en entrevistar al Presidente Harry Truman en su casa de Independence, Missouri, después de su sorpresiva victoria en las elecciones presidenciales de 1948. A la sazón Carlos estaba estudiando periodismo muy cerca, en la Universidad de Missouri. Tan pronto supo del sorpresivo revés de Robert Taft, se coló a través del teléfono de la residencia de Truman, explicando que era un cubano estudiando periodismo en la Universidad de su Estado. Pidió que le dieran un chance para quebrar el hielo, con la primera declaración del presidente electo. Y así se hizo, después de una entrevista personal.

En los días aciagos, conturbados y perturbados después que Batista abandonara el poder, Castañeda logró ser el primero en entrevistar a Fidel Castro. Por fin dio con él en algún lugar de la provincia de Oriente. Las fuerzas rebeldes estaban emprendiendo su largo y demorado pasaje hacia la ciudad de La Habana. Acordaron encontrarse casi al comienzo del trayecto. Al saludarse, lo primero que espetó Castro fue: «¿Estás armado? Porque si no tienes que estarlo por lo que pudiera ocurrir». Al contestar que no acostumbraba portar armas, Fidel con insistencia le entregó una pistola para que la llevara consigo. ¡Qué claro denota esta anécdota el carácter violento de este tiranozuelo, cuya toda solución pasa por las armas! Mientras que Carlos era un fanático del diálogo *libre y democrático*, como demostraban sus intervenciones como miembro permanente del famoso y muy popular programa Ante la Prensa, que se televisaba los domingos en Cuba.

Carlitos no se sorprendió de lo anterior. Ya conocía al Fidelón. Y lo describía adicionalmente con esta última anécdota. Contaba que lo veía muy frecuentemente en las oficinas habaneras del Partido Ortodoxo, haciéndole posta a Eduardo Chibás, su principal dirigente. Desgarbado, medio churrioso, lampiño y con una copia del *Mein Kampf* de Adolf Hitler bajo el brazo (de la que mutilaría frases en el futuro). No sólo no podía empujar mamparas, sino que era mal y nunca recibido. Ya que, según contaba Castañeda, Chibas desconfiaba de él, considerándolo un locoide pendenciero. Y así fue que lo conoció Carlos, mientras Castro le hacía eterna antesala al líder de la ortodoxia.

¡Cuánto aprendimos Carlitos de tus anécdotas, que nos acompañaran siempre, dibujando solo una de las facetas de tu excepcional figura!

ACERCA DEL AUTOR Y ESTE LIBRO

El Dr. Jorge Salazar-Carrillo nació en La Habana, Cuba el 17 de enero de 1935. Está casado con María Eugenia Winthrop (Mary Gene), y tiene cuatro hijos y seis nietos. Ostenta numerosos títulos universitarios: Bachiller en Administración de Negocios de la Universidad de Miami en 1958; dejó sus estudios de leyes en el último año de la carrera, cuando tuvo que emigrar de Cuba en 1960. En los Estados Unidos obtuvo su Master, Certificado en Análisis y Planificación del Desarrollo y Doctorado en Economía, todos de la Universidad de California (Berkeley). Su actividad profesional se ha desarrollado en prestigiosas instituciones como Brookings Institution (Senior Fellow, 1965-1979), Georgetown University (Professorial Lecturer, 1969-1980), y ha sido asesor de numerosas organizaciones internacionales como las Naciones Unidas y el Banco Interamericano de Desarrollo, por citar las más importantes. En 1979 fue contratado por la Universidad Internacional de la Florida (FIU) para dirigir el Departamento de Economía y crear las carreras de Master y Doctor en Economía. Actualmente se desempeña como Profesor de tiempo completo de dicha Universidad y Director del Centro de Investigación Económica. El Dr. Salazar-Carrillo es también colaborador frecuente del periódico El Nuevo Herald e invitado frecuente en numerosos programas de actualidad política en radios y emisoras de televisión, tanto en inglés como en español. El Dr. Salazar-Carrillo ha publicado 90 libros en forma individual o en colaboración con coautores, y centenas de artículos publicados en revistas profesionales.

La economía política fue la base del desarrollo de la economía como una ciencia. El examen que se realiza en este libro sobre la política económica en Cuba, Latino América y Estados Unidos nos permitirá tener mejores ideas y conclusiones para combatir los males económicos del presente en los países de América. Ensayos para lectores inteligentes que ayudan a comprender la realidad económica de nuestro mundo.

Selección de otros libros publicados por Ediciones Universal en la
COLECCIÓN CUBA Y SUS JUECES

0359-6	CUBA EN 1830, Jorge J. Beato & Miguel F. Garrido
044-5	LA AGRICULTURA CUBANA 1934-1936 (Régimen Social, Productividad y Nivel de Vida del Sector Agrícola) Oscar E. Echevarría Salvat
046-1	CUBA Y LA CASA DE AUSTRIA, Nicasio Silverio Saínz
048-8	CUBA, CONCIENCIA Y REVOLUCIÓN, Luis Aguilar León
049-6	TRES VIDAS PARALELAS, Nicasio Silverio Saínz
119-0	JALONES DE GLORIA MAMBISA, Juan J.E. Casasús
123-9	HISTORIA DEL PARTIDO COMUNISTA DE CUBA, Jorge García Montes & Antonio Alonso Ávila
165-4	VIDAS CUBANAS - CUBAN LIVES.- (2 vols.), José Ignacio Lasaga
207-3	MEMORIAS DE UN DESMEMORIADO-Leña para fuego hist. Cuba, José García Pedrosa
243-X	LOS ESCLAVOS Y LA VIRGEN DEL COBRE, Leví Marrero
293-6	HISTORIA DE LA ODONTOLOGÍA EN CUBA (4 vols: (1492-1983), César A. Mena
3122-0	RELIGIÓN Y POLÍTICA EN CUBA DEL SIGLO XIX, Miguel Figueroa
353-3	LA GUERRA DE MARTÍ (La lucha de los cubanos por la independencia), Pedro Roig
374-6	GRAU: ESTADISTA Y POLÍTICO (Cincuenta años de la Historia de Cuba), Antonio Lancís
379-7	HISTORIA DE FAMILIAS CUBANAS (9 vols.), Francisco Xavier de Santa Cruz
425-4	A LA INGERENCIA EXTRAÑA LA VIRTUD DOMÉSTICA, Carlos Márquez Sterling
431-9	MIS RELACIONES CON MÁXIMO GÓMEZ, Orestes Ferrara
437-8	HISTORIA DE MI VIDA, Agustín Castellanos
483-1	JOSÉ ANTONIO SACO, Anita Arroyo
490-4	HISTORIOLOGÍA CUBANA /5 vols./ (1492-2000), José Duarte Oropesa
516-1	EL PERFIL PASTORAL DE FÉLIX VARELA, Felipe J. Estévez
532-3	MANUEL SANGUILY. HISTORIA DE UN CIUDADANO, Octavio R. Costa
558-7	JOSÉ ANTONIO SACO Y LA CUBA DE HOY, Ángel Aparicio
586-2	SEIS DÍAS DE NOVIEMBRE, Byron Miguel
592-7	DOS FIGURAS CUBANAS Y UNA SOLA ACTITUD, Rosario Rexach
606-0	CRISIS DE LA ALTA CULTURA EN CUBA/INDAGACIÓN DEL CHOTEO, Jorge Mañach
608-7	VIDA Y MILAGROS DE LA FARÁNDULA DE CUBA (5 vols.), Rosendo Rosell
620-6	TODOS SOMOS CULPABLES, Guillermo de Zéndegui
624-9	HISTORIA DE LA MEDICINA EN CUBA (2 v.),César A. Mena y Armando Cobelo
680-X	¿POR QUÉ FRACASÓ LA DEMOCRACIA EN CUBA?, Luis Fernández-Caubí
682-6	IMAGEN Y TRAYECTORIA DEL CUBANO EN LA HISTORIA 2 v. 1492-1958), Octavio R. Costa
689-3	A CUBA LE TOCÓ PERDER, Justo Carrillo
690-7	CUBA Y SU CULTURA, Raúl M. Shelton
703-2	MÚSICA CUBANA: DEL AREYTO A LA NUEVA TROVA, Cristóbal Díaz Ayala
738-5	PLAYA GIRÓN: LA HISTORIA VERDADERA, Enrique Ros
743-1	MARTA ABREU, UNA MUJER COMPRENDIDA Pánfilo D. Camacho
752-0	24 DE FEBRERO DE 1895: UN PROGRAMA VIGENTE, Jorge Castellanos
765-2	CLASE TRABAJADORA Y MOVIMIENTO SINDICAL EN CUBA / 2 vols.: 1819-1996), Efrén Córdova
773-3	DE GIRÓN A LA CRISIS DE LOS COHETES: La segunda derrota, Enrique Ros
786-5	POR LA LIBERTAD DE CUBA (una historia inconclusa), Néstor Carbonell Cortina
794-6	CUBA HOY (la lente muerte del castrismo), Carlos Alberto Montaner
798-9	APUNTES SOBRE LA NACIONALIDAD CUBANA, Luis Fernández-Caubí
804-7	EL CARÁCTER CUBANO, Calixto Masó y Vázquez
823-3	JOSÉ VARELA ZEQUEIRA (1854-1939); Su obra científico-literaria, Beatriz Varela
832-2	TODO TIENE SU TIEMPO, Luis Aguilar León

860-8	VIAJEROS EN CUBA (1800-1850), Otto Olivera
862-4	UNA FAMILIA HABANERA, Eloísa Lezama Lima
874-8	POR AMOR AL ARTE (Memorias de un teatrista cubano 1940-1970), Francisco Morín
875-6	HISTORIA DE CUBA, Calixto C. Masó (Ed. de Leonel de la Cuesta)
876-4	CUBANOS DE DOS SIGLOS: XIX y XX. ENSAYISTAS y CRÍTICOS, Elio Alba Buffill
880-2	ANTONIO MACEO GRAJALES: EL TITÁN DE BRONCE, José Mármol
886-1	ISLA SIN FIN (Contribución a la crítica del nacionalismo cubano), Rafael Rojas
901-9	40 AÑOS DE REVOLUCIÓN CUBANA (El legado de Castro), Efrén Córdova, Editor
907-8	MANUAL DEL PERFECTO SINVERGÜENZA, Tom Mix (José M. Muzaurieta)
931-0	EL CAIMÁN ANTE EL ESPEJO. Un ensayo de interpretación de lo cubano, Uva de Aragón
934-5	MI VIDA EN EL TEATRO, María Julia Casanova
944-2	DE LA PATRIA DE UNO A LA PATRIA DE TODOS, Ernesto F. Betancourt
945-0	CRONOLOGÍA HISTÓRICA DE CUBA (1492-2000), Manuel Fernández Santalices.
952-3	ELAPSO TEMPORE, Hugo Consuegra
953-1	JOSÉ AGUSTÍN QUINTERO: Un enigma histórico del exilio cubano del ochocientos J. Marbán
955-8	NECESIDAD DE LIBERTAD (ensayos-artículos-entrevistas-cartas), Reinaldo Arenas
956-6	FÉLIX VARELA PARA TODOS / FELIX VARELA FOR ALL, Rabael B. Abislaimán
957-4	LOS GRANDES DEBATES DE LA CONSTITUYENTE CUBANA DE 1940, Edición de Néstor Carbonell Cortina
965-5	CUBANOS DE ACCIÓN Y PENSAMIENTO, Octavio R. Costa (60 biografías)
968-x	AMÉRICA Y FIDEL CASTRO, Américo Martín
974-4	CONTRA EL SACRIFICIO / DEL CAMARADA AL BUEN VECINO / Una polémica filosófica cubana para el siglo XXI, Emilio Ichikawa
979-5	CENTENARIO DE LA REPÚBLICA CUBANA (1902-2002), W. Navarrete y J. de Castro (Ed.).
980-9	HUELLAS DE MI CUBANÍA, José Ignacio Rasco
982-5	INVENCIÓN POÉTICA DE LA NACIÓN CUBANA, Jorge Castellanos
8-006-5	FIDEL CASTRO Y EL GATILLO ALEGRE. LOS AÑOS UNIVERSITARIOS, Enrique Ros
8-000-6	LA POLÍTICA DEL ADIÓS, Rafael Rojas
8-006-5	FIDEL CASTRO Y EL GATILLO ALEGRE. LOS AÑOS UNIVERSITARIOS, Enrique Ros
8-011-1	REFLEXIONES SOBRE CUBA Y SU FUTURO, Luis Aguilar León (3ª.edición revisada y ampliada)
8-014-6	AZÚCAR Y CHOCOLATE. HISTORIA DEL BOXEO CUBANO, Enrique Encinosa
8-025-1	EL FIN DE LA IDIOTEZ Y LA MUERTE DEL HOMBRE NUEVO, Armando P. Ribas
8-028-6	CONTRA VIENTO Y MAREA. PERIODISMO Y ALGO MÁS (Memorias de un periodista 1920-2000), José Ignacio Rivero
8-035-9	CUBA: REALIDAD Y DESTINO. PRESENTE Y FUTURO DE LA ECONOMÍA Y LA SOCIEDAD CUBANA, Jorge A. Sanguinetty
8-038-3	MUJERES EN LA HISTORIA DE CUBA, Antonio J. Molina
8-043-x	MIS MEMORIAS, Mario P. Landrián M.D.
8-045-6	TRES CUESTIONES SOBRE LA ISLA DE CUBA, José García de Arboleya
8-047-2	LA REVOLUCIÓN DE 1933 EN CUBA, Enrique Ros
8-051-0	MEMORIAS DE UN ESTADISTA. FRASES Y ESCRITOS EN CORRESPON- DENCIA, Carlos Márquez-Sterling (Edición de Manuel Márquez-Sterling).
8-057-X	EL RESCATE DE LA CUBA ETERNA, José Sánchez-Boudy
8-061-8	LA HABANA EN EL SIGLO XXI. URBANISMO ACTUAL, Osvaldo de Tapia-Ruano
8-062-6	EL EXILIO HISTÓRICO Y LA FE EN EL TRIUNFO, José Sánchez-Boudy
8-064-2	MORIR DE EXILIO, Uva de Aragón
8-065-0	ENCICLOPEDIA HISTÓRICA DE SAGUA LA GRANDE. TOMO I: MITOS, LEYENDAS Y CURIOSIDADES, Pedro Suárez Tintín
8-067-5	CUBA: INTRAHISTORIA. UNA LUCHA SIN TREGUA, Rafael Díaz-Balart

8-072-3 ENCUENTRO EN 1898. TRES PUEBLOS Y CUATRO HOMBRES (Cuba-España-Estados Unidos /Cervera-T. Roosevelt-Calixto García-Juan Gualberto Gómez). Jorge Castellanos
8-075-8 FÉLIX VARELA: PROFUNDIDAD MANIFIESTA I: Primeros años de la vida del padre Félix Varela Morales: infancia, adolescencia, juventud (1788-1821), P. Fidel Rodríguez
8-079-0 EL CLANDESTINAJE Y LA LUCHA ARMADA CONTRA CASTRO, Enrique Ros
8-100-2 JOSÉ ANTONIO ECHEVERRÍA: VIGENCIA Y PRESENCIA, Julio Fernández-León
8-107-x LA FUERZA POLÍTICA DEL EXILIO CUBANO 4 vols. (1952-2000), Enrique Ros
8-117-7 MOMENTOS ESTELARES EN LA HISTORIA DE CUBA, Emilio Martínez Paula
8-115-0 LUCES Y SOMBRAS DE CUBA (Reflexiones sobre la República, la Revolución Comunista, el Exilio y la Añorada Libertad), Néstor Carbonell Cortina
8-129-0 VIVIDO AYER (Leyendas y misterios de Cuba y La Habana), Sergio San Pedro
8-131-2 LA VERDADERA REPÚBLICA DE CUBA, Andrés Cao Mendiguren
8-135-5 RETOS DEL PERIODISMO, Alberto Muller
8-143-6 CRÓNICAS DE LA REPÚBLICA. CUBA: 1902-1958, Uva de Aragón
8-151-7 EPISCOPOLOGIO CUBANO III: DIEGO DE SARMIENTO, TERCER OBISPO DE CUBA, 1535-1547, Reynerio Lebroc Martínez
8-152-5 POR AMOR A LA PELOTA. HISTORIA DEL BÉISBOL AMATEUR CUBANO, Marino Martínez Peraza
8-154-1 CON EL RIFLE AL HOMBRO, Horacio Ferrer
8-157-6 50 AÑOS DE REVOLUCIÓN EN CUBA. El legado de los Castro, Efrén Córdova (Ed.).
8-167-3 UNA MIRADA SOBRE TRES SIGLOS. MEMORIAS, Orestes Ferrara
8-172-x EL LIBRO NEGRO DEL CASTRISMO, Jacobo Machover (Con ilustraciones de Gina Pellón)
8-173-8 CUBA: AGONÍA Y DEBER. DE LETRAS E HISTORIA, Elio Alba Buffill
8-184-3 CRÓNICAS EJEMPLARES, Víctor Vega Ceballos. Edición de María Vega de Febles y Eduardo A. Febles
8-185-1 LA PSICOLOGÍA DEL BIENESTAR, Jorge Salazar-Carrillo
8-196-7 CARLOS MANUEL DE CÉSPEDES: DE YARA A SAN LORENZO. LA LEALTAD Y LA PERFIDIA. EL BRIGADIER DE CAMBUTE, EL MÉDICO DE JIGUANÍ, Enrique Ros
8-199-1 PANORAMA DEL PROTESTANTISMO EN CUBA, Marcos Antonio Ramos
8-206-8 SER O NO SER, ¡ESA ES LA JODIENDA! PAISAJES Y RETRATOS, Paquito D'Rivera
8-211-4 CUBA: MAMBISES NACIDOS EN OTRAS TIERRAS, Enrique Ros
8-214-9 LA FIERA DEL LIBRE, Roberto Luque Escalona
8-231-9 VICENTE GARCÍA, EL INCOMPRENDIDO MAYOR GENERAL CUBANO, Enrique Ros
8-235-1 EL AÑO DE LA PERA. TRADICIONES, RELATOS Y MEMORIAS DE CIENFUEGOS, Guillermo Arango
8-238-6 ACUERDOS, DESACUERDOS Y RECUERDOS, José Ignacio Rasco
8-240-8 EXILED CUBA, Raúl Chao
8-242-4 UNA PALABRA MÁS FUERTE. LOS ESCRITOS DE MONSEÑOR AGUSTÍN ROMÁN. Julio Estorino (Ed.)
8-259-9 MUJERES DE LA PATRIA. CONTRIBUCIÓN DE LA MUJER A LA INDEPENDENCIA DE CUBA I, Teresa Fernández Soneira
8-260-2 COLONIAL CUBA (EPISODES FROM FOUR HUNDRED YEARS OF SPANISH DOMINATION), Raúl Eduardo Chao
8-261-7 JOSÉ MARTÍ Y EL ROMANTICISMO SOCIAL. PERSPECTIVA IDEOLÓGICA EN SUS CRÓNICAS SOBRE ESTADOS UNIDOS, José L. Mas
8-265-3 ENCICLOPEDIA HISTÓRICA DE SAGUA LA GRANDE. Tomo II: MOGOTES DE JUMAGUA, Pedro Suárez Tintín
8-266-1 THREE DAYS IN MARCH. THE EVENTS IN 1952 THAT MARKED THE BEGINNING OF THE END OF THE REPUBLIC OF CUBA, Raúl Eduardo Chao
8-271-8 LAS DAMAS DE LA HABANA Y SUS JOYAS. Un mito persistente en la historia de Cuba, José Ramón Fernández Álvarez

www.ingramcontent.com/pod-product-compliance
Lightning Source LLC
Chambersburg PA
CBHW030324080526
44584CB00012B/700